Ernst Fritze

Die Spekulation - Novelle

Ernst Fritze

Die Spekulation - Novelle

ISBN/EAN: 9783744672184

Hergestellt in Europa, USA, Kanada, Australien, Japan

Cover: Foto ©ninafisch / pixelio.de

Weitere Bücher finden Sie auf **www.hansebooks.com**

Erstes Capitel.

Dem Actienwesen mit seinen gewaltigen industriel=
len Kräften und seinem kolossalem Gewinne verdankte
Herr Adam seinen Reichthum und den Besitz eines der
schönsten Rittergüter im Mittelpunkte der fruchtbar=
sten Provinz der preußischen Monarchie. Seine Spe=
culationen hatten sich seit langen Jahren so wohlbe=
rechnet erwiesen, daß man sich versucht fühlte ihn mit
einiger Ehrfurcht zu betrachten und ihm durch die
scherzhafte Benennung „der Actienkönig“ eine Art hul=
digender Anerkennung zu verleihen.

Herrn Adams nüchterner praktischer Sinn zeigte
sich in seinen Geschäftsunternehmungen mehr einem
echten Sohne Albions ähnlich als einem Deutschen,
und die großartige Ruhe und Besonnenheit, womit er
sich stets an die Spitze umfangreicher und weitver=

zweigter Actienunternehmungen stellte, verschaffte ihm ein volles Vertrauen unter denjenigen, die mit kleinen Mitteln der Vereinigung von Privatkräften beitraten, um ihre Ersparnisse ohne große Mühen und Anstrengungen zu vervielfältigen. Herr Adam entsprach diesem Volksvertrauen vollkommen. Er war der abgesagteste Feind alles Actienschwindels, und seine seltene Offenherzigkeit für solche Fälle hielt die Anstifter riskanter Speculationen fern von seiner Sphäre.

Nachdem er durch Jahrzehende hindurch für seine eigene Kasse sowohl, als für das Gemeinwohl vieler Tausende von Menschen gewirkt hatte, zog er sich von dem Geschäftsbetriebe zurück und lebte als „Actienkönig" — inmitten einer Landschaft, die durchweg von Edelleuten auf Stammgütern bewohnt war — bequem, glänzend und gastfrei auf seinem Gute Bohrendorf.

Herr Adam, rechtlich durch und durch, ein trefflicher Mann, ein liebevoller Gatte und Vater und ein zuverlässiger Freund, hatte aber doch eine bedeutend schwache Seite. Er liebte den Adel und konnte es nicht überwinden, daß er trotz seiner prächtigen Lebensstellung kurzweg und plebejisch „Herr Adam" hieß, während seine Herren Nachbarn mit volltönenden Namen Prunk treiben konnten. Es reizte ihn zum höchsten Aerger, wenn er einem Blicke stiller Verwunde-

rung bei der Vorstellung fremder Herrschaften begeg=
nete, die hinter seiner noblen Außenseite eher einen
Grafen als einen schlichten Herrn Adam vermuthet
hatten.

Hätte er Söhne gehabt, so würde er Alles daran
gesetzt haben den Briefadel zu erlangen, allein der Him=
mel hatte ihn nur mit drei Töchtern gesegnet, wovon
die älteste eben in ihr achtzehntes Jahr getreten war
und die beiden jüngeren zur Zeit in einem berühmten
Erziehungsstifte verweilten. Im Stillen hatte Herr
Adam auf Bohrendorf den Schwur abgelegt seine Töch=
ter, mit einer reichen Mitgift, nur an Abkömmlinge aus
alten, dem höhern deutschen Adel angehörenden Fami=
lien zu verheiraten und er stieß bei diesem Plane für
jetzt auf keine Schwierigkeiten, da Fräulein Fanny
Adam, die erste heiratsfähige Tochter des „Actien=
königs," sehr bereitwillig war, auf alle Fälle lieber
eine gnädige Frau zu werden, als ihr kleines stolzes
und übermüthiges Herz durch die bürgerlichen Vor=
trefflichkeiten eines bürgerlichen Mannes gewinnen und
überrumpeln zu lassen.

Warum sollte Herr Adam also fürchten mit die=
sen leidenschaftlichen Wünschen zu scheitern, da ihm
bis dahin Alles im Leben geglückt war? Er gehörte
zu den geborenen Speculanten, wußte jede Unterneh=

mung am rechten Ende anzugreifen und bewahrte sich stets diejenige Ruhe, die bei wankenden Aussichten noch überlegungsfähig bleibt. Mit dieser Ausstattung von Geisteskraft und Gemüthsruhe begann er die Zuknnft seiner Tochter Fanny ins Auge zu fassen und die noth= wendigen Schritte zu überlegen, die ihn zum gewünsch= ten Ziele führen konnten, als sich plötzlich eine Gelegen= heit darbot, seine Wünsche zu realisiren.

Es lag wohl in der Natur der Sache, daß seine Vorbereitungen dazu weder dem Auge seiner Frau, einer ruhigen, sehr bequemen Dame von mittelmäßigem Verstande und halb fertig gewordener Bildung, noch den Blicken seiner lebhaft denkenden und sprechenden Tochter Fanny entgingen und da Beide einverstanden mit den väterlichen Plänen waren, so blieb eine ver= trauliche Besprechung derartiger Schritte zuletzt auch nicht aus. Fanny, blühend, hübsch, hinreichend gut erzogen, erfahren in den nöthigen Toilettenkünsten um sich repräsentabel zu machen und ausgestattet mit vie= ler Liebenswürdigkeit, die nur den Fehler hatte allzu= bürgerlich zu erscheinen, zweifelte in richtiger Anerken= nung ihrer äußern und innern Vorzüge keineswegs an günstigen Erfolgen und sie fühlte die exemplarische Halt= barkeit der väterlichen Anordnungen in jeder Hinsicht so klar heraus, daß sie sich unbedingt denselben ergab.

Nur einmal stutzte das junge Mädchen einen einzigen Augenblick, als ihr Vater mit ruhigem Lächeln ihr die Weisung ertheilte, nach der Residenz des benachbarten Großherzogthums zu fahren und sich von dort die Tochter des Baron von Harrowitz, welche eine Jugendfreundin von ihr war, zum Besuche zu holen.

„Papa — was soll Elfriede hier?“ fragte Fanny betroffen. „So lieb ich mein Friedchen habe, so möchte ich doch jetzt nicht in der Laune sein, sie gehörig zu schätzen.“

„Fräulein Elfriede wird dies auch nicht von Dir verlangen, mein Kind,“ entgegnete Herr Adam, „ihre Hingebung für Dich soll ein Relief sein, weiter nichts. Die junge Dame ist mir höchst schätzenswert erschienen durch ihren esprit de corps. — Diese ausgeprägte Eigenthümlichkeit macht ihre Freundschaft für Dich zu einem bedeutenden Mitkämpfer.“

„Mein Gott, sollte das nöthig sein?“ fiel Fanny etwas ärgerlich ein, indem sie mit einem Blicke hochmüthigen Uebermuthes ihre volle schöne Gestalt im Spiegel musterte. „Liegen nicht kampffähige Elemente in meiner Persönlichkeit? Glaubst Du so starken Vorurtheilen zu begegnen, daß mein künftiger Gemal meine bürgerliche Abkunft —“

„Mein Kind," unterbrach Herr Abam sie maje=
stätisch lächelnd, „bei jeder Speculation muß man das
pro und contra ins Auge faffen und die erlaubten
Mittel richtig anzuwenden suchen. Fräulein Elfriedens
Freundschaft läßt sich jetzt vortrefflich verwerthen —"

„Aber der Vergleich mit ihr könnte mir mehr
schaden als nützen," fiel Fanny etwas bedenklich ein.

„In diesem Falle nicht, mein Kind. Der junge
Edelmann, welcher, beiläufig gesagt, ein vortrefflicher
sittenreiner Cavalier ist, muß durch eine reiche Heirath
seine Lebensstellung sichern. Er ist schwer daran ge=
gangen seine Wahl einer Lebensgefährtin von diesem
Materialismus abhängig zu machen, aber die Noth
bezwang seinen ritterlichen Idealismus, der sich herbei=
ließ nach altmodischen Grundsätzen die Liebe bei einer
ehelichen Verbindung nothwendig zu finden. Er in=
teressirt sich jetzt für Dich."

„Ohne mich zu kennen?" warf Fanny beklommen
ein. Ihr Herz wallte etwas stärker bei dem Gedanken
an ihres Bewerbers ideal ritterliche Huldigung.

„Die Schilderung Deiner Persönlichkeit hat seine
Phantasie entflammt und er ist geneigt Dich als Haupt=
sache und Deine Mitgift als eine erfreuliche Nebensache
zu betrachten."

„Und wenn die Schilderung der Wahrheit nicht entspricht, wenn seine Phantasie erkaltet bei meinem Anblicke?"

„So hat er uns einen Besuch gemacht, den er nicht über das gewöhnliche Zeitmaß einer steifen Visite ausdehnen wird."

Ein leichtes Unbehagen schien Fräulein Fanny zu durchrieseln. Was ihr bis dahin als ein annehmbares Geschäft erschienen war, erhielt durch diese Wendung des Gespräches den Charakter eines gewagten Unternehmens, bei dessen Fehlschlagung sie compromittirt werden konnte. Was sie bis dahin als einen Act im menschlichen Verkehre betrachtet hatte, dessen Entwickelung sie mit behaglicher Ruhe abwarten wollte, trotzdem sie als Hauptperson agirte, das gewann durch die plötzliche Aufklärung über ihres Bewerbers Ansichten und Vorsätze eine Beimischung von ängstlicher Spannung.

Sie kam sich wie eine Spielerin vor, die auf einen Wurf Leben und Tod erzielen sollte und in dieser tragischen Stimmung umschlang sie den Hals ihres Vaters und rief:

„Vater — laß uns diesen Plan aufgeben — mir wird bange!"

Herr Adam lächelte mit der Sicherheit eines sieggewohnten Feldherrn.

„Sorge Dich um nichts, sondern fahre wohlge=
muth hinüber zum Baron von Harrowitz, der seiner
Tochter sicherlich sehr gern einen Aufenthalt von drei
Wochen beim reichen Adam, dem Actienkönig, gestatten
wird."

———

Zweites Capitel.

Wir sind genöthigt, uns vom Gute des Herrn Adam in Bohrendorf nach einer preußischen Festung zu verfügen, die auf der Eisenbahnlinie ungefähr zwei bis drei Stunden von diesem Dorfe entfernt liegt und bitten den Leser uns in ein gut gebautes Haus dicht am Eingange der kleinen ernsthaft aussehenden Stadt zu folgen.

In einem hellen, von dem grellen Sommersonnen= scheine übermäßig durchleuchteten Zimmer saßen dort zwei junge Männer, beherrscht von den Empfindungen, die ein eben beendetes Gespräch über ihre Seele er= gossen hatte.

Der Jüngere dieser Herren, ein Baron Ewald von Escherode, lehnte im Sopha. In seinem Mienen= spiele waren die Nachwirkungen eines demüthigenden

Geständnisses sichtbar, während sein Freund, ein Artil=
lerielieutenant Brisek, hart mit einer innerlichen Entrü=
stung kämpfte und dabei von Zeit zu Zeit einen Blick
voll Mitleid und Verdruß auf den Baron warf, dem er
gegenüber saß.

Brisek war der Bewohner des hübschen Zimmers,
das neben einer charakteristischen Einfachheit die höchste
Sauberkeit zeigte, welche sich bis auf den alten Uni=
formrock, den er trug, erstreckte, der vom Paraderocke
bis zum Hausrocke begradirt war. Der Baron zeigte
in seiner Kleidung jene feine Eleganz, die dem gewe=
senen Militär gewöhnlich auf Lebenszeit treu bleibt
und ihn von der Geckenhaftigkeit der Mode fern hält.
Er war augenscheinlich mehrere Jahre jünger als Bri=
sek, hatte außerdem den Vorzug schöner zu sein und
bildete in seiner ganzen Erscheinung das Muster einer
ritterlichen Noblesse, während sein Freund nur den
Eindruck eines edeln charaktervollen Mannes machte.

Jetzt, wo der Schleier der Beschämung die ari=
stokratisch stolzen Züge des Barons einigermaßen ver=
unstaltete und die Erwartung eines herben Tadels sei=
nen Nacken etwas beugte, trat die stattliche Männlich=
keit Briseks triumphirend hervor, als derselbe auf=
stand und mit festen hallenden Schritten mehrmals das

Zimmer durchmaß. Dann blieb er stehen und fragte ruhig:

„Hast Du Dich nicht ein einzigesmal an unsere Vorsätze erinnert, Ewald, als Du den ersten Entschluß zu dieser Heirath faßtest?"

„Ich habe mich erinnert, allein es blieb mir kein anderer Ausweg," erwiederte der junge Mann sehr ernst.

„Hättest Du ganz vergessen, wie empört wir waren, wenn wir die heiligsten Empfindungen des Menschen durch den Wuchergeist der Zeit beeinträchtigt sahen?"

„Ich hatte nichts vergessen!"

„Ist Dir nichts eingefallen, was wir über die Nichtigkeit der Lebensverhältnisse festgestellt hatten?"

„Es ist mir eingefallen!"

„Hast Du nicht daran gedacht, welche Schwüre wir damals auf jener Höhe tauschten, wo wir allein, erhaben über alle irdischen Elemente, vom Abendgolde umflogen, weilten und die Kraft in uns erwachen fühlten besser und edler zu handeln und zu leben wie die armen Bethörten, welche, im Dunstkreis ihrer anerzogenen Begriffe von Nothwendigkeit und Bedürfniß, lieber schmachvolle Unterwerfung als kühnen Kampf wählen?"

2*

„Ich habe daran gedacht!"

„Und doch erlagst Du dem ersten Angriffe, den die Wirklichkeit auf unsere phantasievollen Lebensansichten wagte?" „Die Noth zertrümmerte meine Phantasie und stellte sie mit ihren Gebilden ins Reich der Phantome," entgegnete der Baron mit bitterm Tone. „Deine Vorhaltungen würden gerecht sein, Richard, wenn Leichtsinn meine Schritte geleitet hätte, aber sie sind von der Nothwendigkeit geregelt. Setze Dich an meine Stelle! Mein Vater stirbt in dem Glauben die Zukunft seiner Kinder sei gesichert und die Ehre seines Stammes ganz ungefährdet. Statt dessen übersteigen seine Schulden, die er, ein Freund der Repräsentation, leichtsinnig gemacht hat, sein Vermögen dermaßen, daß der völligste Ruin, und zwar unter schmählichen Nebenumständen, unausbleiblich ist, wenn nicht sein ältester Sohn das Opfer bringt durch eine reiche Heirath, die ihm dargeboten wird, Alles das zu erretten, was sonst unwiederbringlich verloren ist. Nun — Richard? Ich habe vier unversorgte Geschwister!" Der Strahl einer innern Begeisterung färbte bei diesen Worten plötzlich sein Gesicht und durchströmte sein schönes dunkles Auge mit einer überirdischen Energie.

Brisel betrachtete ihn schweigend. Seine Lippe zuckte von dem Kampfe seine innere Bewegung zu be-

wältigen und seine Hand streckte sich der Freundeshand
entgegen.

„Verzeihe, Ewald —,“ sprach er leise und drückte
des Barons Hand innig. „Und was ist der Kauf=
preis dieser edeln Hand?“ fragte er nach einer langen
Pause eben so leise.

„Einhundertzwanzigtausend Thaler!“ entgegnete
der junge Edelmann ernst und gemessen. Der Lieu=
tenant fuhr zurück und wiederholte voller Schrecken die
für ihn ungeheure Summe.

„Sechszigtausend Thaler baare Mitgift und sechs=
zigtausend Thaler Credit zu jeder Zeit, wo ich ihn
brauche. Der Vater dieses Mädchens will sich dadurch
einen Edelmann reinsten Wassers als Schwiegersohn
erkaufen. Die „Eschenrodes“ conveniren ihm und
mir dient sein Kaufpreis — wir kamen uns auf hal=
bem Wege entgegen und unser Unterhändler, ein Ehren=
mann, hatte leichtes Spiel die Bande zu knüpfen,
welche den reichen Bürger mit dem armen Edelmanne
vervollständigen sollen.“

Brisek starrte nachdenklich vor sich hin. Sein
kaum sichtbares Kopfschütteln verrieth noch immer seine
Unzufriedenheit, allein er wagte es kaum derselben
Worte zu geben. „So ganz prosaisch!“ murrte er
endlich. „So ganz offen Wucher mit Deinem Stande

und mit Deiner Geburt zu treiben, um als Zinsen vom gewagten Einsatze einen gestörten Lebensfrieden zu ge= nießen! Ewald, Ewald, mir ahnet Unglück! Du erträgst diese Herabwürdigung nicht! Dein poetisches Gemüth rebellirt, wenn es vielleicht zu spät ist."

"Sieh' nicht zu schwarz, Richard. Der Zufall vermittelt vielleicht mein Glück, indem er die Nothwen= digkeit mit meinen Wünschen in Einklang bringt."

"Wer möchte darauf bauen, mein Freund!"

"Fräulein Fanny soll gut und schön und dabei von tadellosem Rufe sein."

"Genügt das dem Herzen, welches idealen Lebens= anschauungen huldigt?" fragte Brisel sehr bedeutsam. "Wäre sie häßlich — was thäte das? Wenn nur Herz zum Herzen spräche."

"Warum soll ich der Hoffnung entsagen, daß sich unsere Neigungen begegnen?" fragte der Baron sehr geduldig vor sich niedersehend. "Unser Arrangement ist zweckmäßig getroffen. Mißfalle ich der Familie oder auch nur dem Fräulein, so erfolgt keine Einladung, daß ich „bleibe" — meine Verabschiedung ist sonach kein Korb. Genügt sie meinen Anforderungen nicht, so besehe ich das ausgezeichnete Gewächshaus des Herrn Adam und „verschwinde!" Bleibe ich zu Tische, so nimmt man dies als eine ausgesprochene Werbung an und erzeigt mir Gaſtfreundſchaft auf ſo lange Zeit, wie ich zur nähern Bekanntſchaft nöthig finde.“

„Gebunden biſt Du alſo gleichſam nach dem erſten Erblicken?“ fragte Briſek mißbilligend. Der Baron ſtutzte. Er hatte eigentlich im Sinne auf jeden Fall und vorſätzlich als gebunden ſich zu betrachten, wenn ſich Fräulein Fanny nicht geradezu gegen ihn erklären ſollte, was er im Grunde nicht fürchtete.

„Ja,“ antwortete er ſchnell. „Als Mann von Ehre bin ich zu einer Erklärung verpflichtet, ſo wie ich zu Tiſche bleibe.“

Briſek ſeufzte ſchwer und verſank wieder in jenes brütende Sinnen, das mehr Trauer als Freude verräth.

Baron Eſcherode erhob ſich, ſchloß raſch den oberſten Knopf ſeines grünen Jagdfracks, griff nach ſeiner Mütze und der Reitpeitſche und trat dann ganz dicht an ſeinen Freund heran. Dieſer ſchaute auf. Ihre Blicke trafen einander. Der etwas größere Briſek legte ſeine Arme um Eſchenrode und eine eigenthümliche Ironie miſchte den Ausdruck, womit er fragte:

„Alſo, Du gehſt darauf aus zu lieben?“

„Mit dem feſteſten Willen!“

„Du ſchwörſt derjenigen Treue, die Du findeſt, ohne ſie geſucht zu haben?“

„Mit freiem und ruhigem Herzen!"

„Du wirst ein philisterhafter Bauer, respective Gatte, Vater und Schwiegersohn?"

„Meine Kräfte werden hoffentlich dazu ausreichen, wenn ich auf meine Geschwister blicke."

„Geh mit Gott! Ich bin Dein Freund —! Der Telegraphendraht sei Dein Trost, wenn Du Dich hilf=los findest und das einzige Wort: „Komm!" wird mich zu Dir führen, so wie Du mich gebrauchst. Ewald — ich bin Dein Freund — vergiß dies nicht!"

Ein Händedruck und sie schieden.

Drittes Capitel.

Das Dorf Bohrendorf lag nicht ganz reizlos und was die Natur vielleicht der Gegend versagt hatte, das ersetzte die Kunst. Prächtige Parkanlagen ließen den natürwüchsigen Wald nicht vermissen und die brillante Ausstattung des großen Gartens mit Tropengewächsen aller Art konnte leicht zu dem Irrthum führen, man befinde sich unter einem andern Himmelsstriche als wo Deutschland und namentlich Preußen liegt. Das Wohnhaus war einfach bürgerlich von außen. Weder ruinenhafte Thürme, noch Mauern sprachen von alten Geschlechtern. Schlicht und gerade erhoben sich die Wände der Façade, die nach dem Garten gerichtet war und nur ein sehr breiter, bequem eingerichteter Balkon, mit hohen Granatbäumen besetzt, gereichte derselben zur Zierde. Unmittelbar an diesen Balkon schloß sich ein großes, geräumiges Gemach, das unter dem Namen „der Gartensalon" florirte. In seiner ganzen Breite vom Balkon bezeichnet, waren die beiden Seitenwände mit Divanen, Polsterstühlen und Fauteuils besetzt, vor denen elegante Tische mit und ohne Mamormorplatten standen.

Andere Möbel zeigte der Gartensalon nicht auf, aber man konnte sich dennoch nichts Reizenderes und Bequemeres denken als ein geselliges Zusammentreffen in diesem Zimmer mit seinen schnell wechselbaren Rolltischen und Sesseln. Es wurde dort gefrühstückt, der Nachmittagskaffee eingenommen und Thee getrunken, während es Mode war die Mittags und Abendmahlzeiten in einem besonders dazu eingerichteten Zimmer abzuhalten. Acht volle Tage nach dem Gespräche zwischen Herrn Adam und seinem Fräulein Tochter zog die Sonne ganz absonderlich heiter vom östlichen Horizonte nach dem Zenith herauf und streuete ihren Glanz über die Gartenanlagen des Bohrendorf'schen Rittergutes. Laue Lüftchen kühlten ihre Gluth und leichte, weiße Wölkchen hüllten schäckernd ihr Licht ein, wenn sie gar zu heiß auf den blühenden Gewächsen ruhen wollte. Unter den Purpurblüthen der Granatbäume saß eine Frauengestalt mit einer weiblichen Handarbeit beschäftigt, von welcher ihr Blick oftmals sich hob, um mit Entzücken in die Ferne und über das dichte prächtige Grün des Parkes zu schweifen. Fräulein Elfriede von Harrowitz war seit achtundvierzig Stunden ein Gast im Adam'schen Hause und sie schwelgte unter dem Reize der Neuheit, von Träumen heiterer Art umschwirrt, in der Schönheit der künstlichen Natur, die sich vor ihren Blicken entfaltete.

Das Frühstück war vorüber. Ihre Freundin Fanny hatte sich mit schelmischem Lachen zurückgezogen, um „Toilette zu machen," worüber sich die junge Dame, die den Anzug der Freundin hinreichend schön fand, zuerst wunderte, um es dann in den Hintergrund ihrer Seele zu schieben.

Von Natur zu jener heitern Lebensauffassung geneigt, die sich in scharfer Kritik wohlgefällt, belächelte sie im Stillen die prahlerische Art des Herrn Adam, auf englische Sitte ein Haus machen zu wollen und sie enthielt sich grundsätzlich von dem eingeführten Gebrauche zum Mittagstische en famille nochmals sich umzukleiden.

In beschränkten, aber durchwegs noblen Verhältnissen aufgewachsen, erschien der jungen Dame ein solches Verfahren als eine Verschwendung, der sie sich nicht anschließen wollte aus nothwendiger Sparsamkeit. Einfach, doch vornehm in Haltung und Geberde, stand sie neben der verwöhnten Freundin da, ohne Neid ihre Kost-

barkeiten bewundernd. Daß sie bisweilen mit Unbeha=
gen die stark aufgeputzten Damen des Hauses betrach=
tete und nicht ohne Verlegenheit den Hintergrund des
Zimmers suchte, wenn Besuch eintrat, war zu natürlich,
um ihr zum Vorwurfe zu gereichen. Ihre Bescheidenheit
ging mitunter auch nicht so weit, sich ohne Weiteres
zur Demuth zu bequemen und sie nahm geflissentlich
den Platz in Anspruch, der ihr, ihrem Stande nach,
gebührte. Achtundvierzig Sunden waren nur nöthig ge=
wesen, um sie von solchen kleinen Conflicten zwischen
arm und reich zu unterrichten, aber sie hatte auch in=
nerhalb dieser achtundvierzig Stunden die Kühnheit er=
langt, gegen jede Großthuerei des Reichthums in die
Schranken zu treten.

Ganz ihrem harmlosen Wohlbehagen hingegeben,
beachtete das junge Fräulein es nicht, wie ungebührlich
lange ihre Freundin sie allein ließ.

Endlich erschien sie und zwar in so vollem Glanze,
daß Elfriede mit dem Ausdrucke einer übernatürlichen
Verwunderung ihre Augen weit öffnete, um sie zu be=
trachten. Fanny, von ihrer sorglosen Selbstzufrieden=
heit verblendet, hielt das starre Anstaunen für wohl=
verdiente Bewunderung und rief mit wohlgefälligem
Lächeln:

„Gefalle ich Dir, mein Friedchen?“

„Wenn Du zum Balle gehen willst, ja," entgeg=
nete die junge Dame mit ruhigem Spotte.

„Bewahre — nicht zum Balle!" schäckerte Fanny,
schelmisch den Kopf von einer Seite zur andern neigend.
„Es hat jedoch eine besondere Bedeutung, daß ich die=
sen Anzug gewählt habe. Soll ich Di'rs vertrauen! Ich
gehe auf Eroberungen aus!"

„So? Haben wir Gesellschaft zu Mittag zu er=
warten?" fragte Elfriede kaltsinnig ihre Blicke auf ihre
Arbeit niedersenkend.

„Nur einen Herrn! Meine ganze Zukunft hängt
davon ab, daß ich ihm gefalle!"

„Also eine Freiwerberpräsentation — oder der zu=
künftige Bräutigam selbst?" fragte Elfriede etwas neu=
gierig,

Fanny nickte.

„Wenn Dein Bewerber ein vernünftiger Mann
ist, so muß er Deinen Anzug für eine lächerliche Osten=
tation erklären, Fanny," sprach das junge Mädchen
hierauf. „Ich rathe Dir etwas weniger nackte Schul=
tern und Arme zu präsentiren und die rothen Atlas=
agraffen von dem ohnehin schon ballmäßigen weißen
Kleide abzunehmen."

Fräulein Fanny Adam, die sich ungeheuer viel
auf ihren Geschmack einbildete, stand ganz verblüfft und

schauete ihre Freundin an. Hatte sie Recht oder Unrecht?
Ganz im Hintergrunde ihrer Seele regte sich eine Stim=
me, die ihr Recht gab.

„Meinst Du, daß ich mich umziehen soll?" begann
sie nach einer minutenlangen Pause.

„Unbedingt meine ich das und rathe Dir recht
züchtig verhüllt zu erscheinen!" erklärte Elfriede gut=
müthig die runden weißen Arme ihrer Freundin strei=
chelnd.

Fanny ging diesem Befehl gehorsam zu sein und
Elfriede sah ihr kopfschüttelnd nach. Ihre Gedanken
fielen auf das eben erhaltene Geständniß des jungen
reichen Mädchens zurück. „Wer mag der Bewerber
sein?" dachte sie, innerlich über eine Situation lachend,
die zwei Menschen, wie Waarenballen, zur Besichtigung
einander gegenüberzustellen schien. „Irgend eine Kauf=
mannsseele — ganz gewiß! Fanny sah gerade aus wie
ein Luftballon, gefüllt mit fünzigtausend preußischen
Kassenanweisungen. — Welch' ein faux pas sich, wie
eine Bajadere, zu solchem Zwecke aufzuputzen!" — Ihr
Gedankenmonolog erstarb unter ernsten Betrachtungen
über Zeitansprüche und über die Mittel sich mit einem
ausgeprägten Hange zum Luxus und zur Zerstreuung
in der Gegend zu placiren. Sie überlegte, trotz ihrer
Jugend philosophirend, mit einem so seelenruhigen Lä=

cheln auf den feinen Lippen, daß es ersichtlich wurde, wie wenig sie mit Wünschen dieser Art ihre Brust beunruhigte.

Während sie ihren Gedanken nachhing, öffnete sich plötzlich die Thür des Gartensalons mit einigem Geräusche uud sie sah einen Herrn von entschieden vornehmem Wesen im Reitanzuge eintreten, dem Herr Adam in einer gewissen ungelenken Verlegenheit folgte.

Von einer verzeihlichen jugendlichen Neugier getrieben, erhob sich Elfriede schnell von ihrem Sitze und trat durch die Glasthüren, um den Mann zu sehen, der in bestimmten Absichten den Kreis dieser Familie aufsuchte. Ihr Mienenspiel zeigte ein lächelndes Wohlbehagen, als sie die formenlose Höflichkeit des guten Herrn Adam beobachtete, der gegen den gewöhnlichsten Etikettenton verstieß, als er suchend seine Blicke hinaus auf den Balkon richtete und seine Tochter nicht sah.

Er stellte weder den Herrn vor, noch nannte er die junge Dame, so daß der Baron von Eschenrode in den verzeihlichen Irrthum verfiel, in Elfrieden diejenige vor sich zu sehen, der er das Glück seines Lebens anvertrauen wollte.

Sein Auge richtete sich prüfend, durchbringend und seelenvoll auf das Gesicht Elfriedens, das, ohnehin bedeutend und schön, jetzt von der Heiterkeit ihrer inner-

lichen Bemerkungen durchleuchtet, sehr wohl im Stande
war, einen tiefen Eindruck zu machen.

Ruhig, in der angeborenen Würde ihres Standes,
erwiederte, die junge Dame den Gruß, gespannt er=
wartend, wie sich die tragi=komische Scene entwickeln
würde.

Der Baron Eschenrode war nicht der Mann, wel=
cher sich durch Kleinigkeiten aus der Haltung des Welt=
mannes bringen ließ. Mit einer gewinnenden Gewandt=
heit bat er das Fräulein zu ihrem verlassenen Platze zu=
rückzukehren und richtete die Bitte daran, dort auch Platz
nehmen zu dürfen.

Elfriede gewährte ohne die geringste Sprödigkeit
und Herr Adam dankte Gott, daß er nicht nöthig hatte,
weiter die Honneurs zu machen. Er begriff gar nicht,
wo seine Tochter sei, da er ihr vor einer Viertelstunde
hatte melden lassen, daß er mit dem besagten Edel=
manne im Gartensalon erscheinen werde, wo die erste
Vorstellung am ungenirtesten vor sich gehen könne.
Nachdem der Baron die Zeit mit einigen nichtssagen=
den Höflichkeitsfloskeln hingebracht und in Elfrieden
eine junge Dame von Verstand und bedeutender Tour=
nüre erkannt hatte, legte er eine schärfere Sonde an
ihr Wesen, das ihm augenscheinlich zusagte. Ihr Lächeln
erschien ihm zu kalt, zu spöttisch — der Blick ihres

Auges fiel eisig in die Wärme seines Herzens, das er ihr offen entgegengetragen. Wollte sie ein Spiel mit ihm treiben? Hatte sie im Sinne ihren Reichthum blos der Ehrsucht zum Opfer zu bringen? Was sollte der Hohn sagen, der momentan über ihr reizendes Gesich lief, um dann auf der weißen Stirn zwischen den schön gewölbten Augenbrauen zu lagern?

Sein Auge suchte ihren Blick, um mit einer stummen Frage, wie sie nur das Herz dem Herzen ablauscht, nach der Kälte und dem Hohne ihres Betragens zu forschen. Eine blitzartige Bewegung schien das Mädchen zu durchschauern. Groß und voll erwiederte sie seinen fragenden Blick, während ein ängstliches Lächeln ihre Züge verschönerte.

Der Baron war zufrieden mit den Erfolgen seiner Herzenstaktik.

„Ihr Herr Vater hat unendlich viel für die Verschönerung des Gartens gethan," begann er mit freiem Athemzuge.

„Sie irren, mein Herr, dort —," unterbrach ihn Elfriede sehr hastig und sehr beklommen, indem sie mit der Hand nach der Thür des Gartensalons zeigte, wo so eben, rosigen Wolken gleich), Fräulein Fanny hereinschwebte.

Besonnen trat der Baron zurück von ihr — ein

bleicher Schimmer flog über seine Wangen und seine
Lippen zuckten als er fragte:

„Und Sie, mein Fräulein — Sie sind?"

„Elfriede von Harrowitz!" entgegnete sie zitternd.

Warum aber zitterte sie plötzlich und warf sich
unsäglich betrübt auf ihren Sessel nieder, während der
Baron dem Fräulein Adam entgegenschritt und ihr mit
pathetischem Tone von Herrn Adam als „der Baron
Ewald von Escherode" vorgestellt wurde? Warum
zitterte sie und ergriff mit dem stolzen Vorsatze „sich
um nichts zu bekümmern" ihre Stickerei, während der
Baron sich mit sonderbarem Eifer in eine Conversation
mit Fräulein Fanny vertiefte?

„Baron Ewald von Escherode!" flüsterte Elfriede
leise, ganz leise und senkte den Kopf tief nieder. Sie
kannte diesen Namen. In den Kreisen, denen sie an=
gehörte war der junge Mann gepriesen als ein Mu=
ster — sein Ruf war glänzend rein und nun fand sie
ihn hier, buhlend um die Gunst des reichen Vaters, der
seiner Tochter einen Rang erkaufen wollte. Der Gäh=
rungsstoff der Vorurtheile hob sich in ihrem jungen Her=
zen und eine unaussprechliche Bitterkeit wallte empor,
um sie zu einem Kampfe mit den niedigen Lebensele=
menten aufzufordern.

———

Viertes Capitel.

Baron Ewald von Escherode war der Gast des Rittergutsbesitzers Adams geworden. Er hatte sich heimisch in den Räumen gemacht, die ihm nur unter gewissen Bedingungen eröffnet worden waren und hatte dadurch Voraussetzungen rege gemacht. Weshalb er geblieben war, als man sich befugt glaubte eine Einladung an ihn ergehen zu lassen? Doch wahrscheinlich um die Liebe der schönen Tochter des Actienkönigs zu gewinnen! Oder nicht?

Es gab unerhellte, tief dunkle Stellen in des jungen Mannes Brust, der wie in einem Rausche fortlebte und sich selbst unklar war.

Fräulein Fanny Adam gefiel ihm — sie war auch reizend genug, um die Sinne eines jungen ziemlich unversuchten Mannes zu blenden, aber galt ihr denn

3*

die Huldigung, die seines Herzens Wallen und Wogen
verrieth und momentan in erschreckender Leidenschaftlich=
keit hervorbrach? Zuweilen schien es so und Fanny
nahm sie sorglos an. Sie lachte viel, wenn er Scherz
trieb und ihre Fröhlichkeit stieg bis zur Lustigkeit
hinauf, während Elfriede stolz und ernst seine heitere
Stimmung ignorirte und nur dann der Conversation
ihre Theilnahme schenkte, wenn eine gemäßigte Heiter=
keit vorwaltete. So liebenswürdig diese junge Dame
sein konnte, so stellte sie dennoch ihre geistige Ueber=
macht geflissentlich in Schatten und gefiel sich in einer
Rolle, die ihrem Wesen ganz entgegen war.

Ihr Benehmen paßte vortrefflich in den Plan
hinein, den Herr Adam zum Besten seiner Tochter ent=
worfen hatte und er rieb sich frohlockend die Hände
als er einige Male zu bemerken glaubte, daß des Ba=
rons Eifer diesen stolzgeschlossenen Lippen ein Wort
zu entlocken, wuchs, je abstoßender sie sich zeigte. Er
betrachtete sie so sicher als eine bloße dame d'honneur
seines Hauses, daß ihn ein Vergleich mit seiner Toch=
ter nicht beunruhigte. Fanny's zahlbarer Werth wog
in seinen Augen bedeutend genug, um alle andern Vor=
züge, die nicht in klingender Münze bestanden, gering
anzuschlagen.

Genug, Herr Adam war überzeugt, in kurzer Frist

der Schwiegervater des Herrn von Eschenrode zu sein und Madame Adam zeigte sich nachgerade so vertraut mit dieser Voraussetzung, daß sie sans gêne von der Ausstattung ihrer Tochter zu reden begann, die fürstlich dotirt werden sollte.

Unter diesen verschiedenartigen Gemüthsstimmungen verflogen einige Wochen ohne den jungen Edelmann zum klaren Bewußtsein seiner wahren Gefühle zu bringen. Er glaubte mit nüchternem Verstande ein Verhältniß anzubahnen, das er zu seinem ferneren Fortkommen für nöthig hielt und da er, wenn auch nicht angezogen, so doch auch nicht abgestoßen von der Eigenthümlichkeit der Adam'schen Familie, sich wohl und behaglich in dem Kreise zu fühlen begann, so untersuchte er nicht, worin es lag, daß er mit Zögern am Abend daraus schied und mit Sehnsucht am Morgen den Augenblick des Wiedersehens herbeiwünschte.

Es geschah an einem Tage, daß Fräulein Elfriede beim Frühstücke im Gartensalon fehlte und auch beim Mittagsmahle nicht erschien. Sei es, daß sie etwas in sich fühlte, was sie launenvoll von der gewöhnlichen Familienversammlung abhielt oder daß sie wirklich krank war, was sie vorgegeben hatte, aber die Folge dieser kleinen unbedeutenden Handlung zeigte sich durchgreifend auf alle Verhältnisse. Zum ersten Male erkannte

Baron Ewald an der peinigenden Unruhe, welche ihn folterte, wer für ihn der Nero der Gesellschaft in Adams Hause war und nach dieser Erkenntniß überfiel ihn ein Grauen vor der Verantwortung seines Handelns das von seiner Männerehre abhängig gemacht worden war.

Mit finstern Empfindungen, durch die der Schmerz sich einen hinlänglich vorbereiteten Weg brach, überschaute er die Erlebnisse der letzten Wochen und fand sich auf vulkanischen Boden, zwei Frauensgestalten gegenüber, wovon die Eine ihm den Ueberfluß des Lebens bot, während die Andere — er fühlte es am schmerzlich=süßen Aufflammen seines Herzens — das Ideal seiner Träume, die Verwirklichung Alles dessen, was er seiner Liebe für würdig hielt, abgab. Er stellte beide Frauensgestalten zusammen vor seinem Geiste auf, um den Werth derselben gegen einander abzuwägen. Noch glaubte er sich fähig, mit starkem Entschlusse seine Stellung zu regeln, wenn er nur den Abgrund erst ermessen hatte, an dem er sorglos gewandelt, deshalb zerlegte er sich seine Gefühle mit der erzwungenen Kälte eines Anatomen. Er gab es kaltblütig, so meinte er, sich selbst zu, daß Elfriede von Harrowitz eine der holdesten weiblichen Erscheinungen war, die Gottes Erdboden tragen kann, daß die sanfte, reine, etwas spröde Jungfräulichkeit ihres Wesens bezaubernd sei, daß ihre anmuthige Beweglichkeit, von der Grazie tactvoll im Zaum gehalten, etwas Reizendes habe — genug, er gab es sich selbst zu, daß Elfrieden von Harrowitz nichts fehle, als das Geld der Adam'schen Tochter, um sich zu dem Inbegriff seiner heißesten Wünsche zu erheben.

Dagegen sank nun freilich die Wagschale, worauf die üppig schöne Fanny mit ihrem zuversichtlichen Wesen stand. „Lilie und Rose —," seufzte der arme Freier in einem romantischen Aufschwunge seiner Phantasie. „Lilie und Rose! Wird der Reiz der Rose ein dauerndes Glück für ein Herz sein können, welches nach der Stille einer gesegneten Häuslichkeit lechzt?" Nach dieser Frage, die seine Selbstschau schloß, versank er in ein melancholisches Träumen, das von dem leisen Eintritte der fröhlich in die Zukunft blickenden Dame gestört wurde, die er sein Eigenthum nennen konnte, wenn er sonst Lust dazu hatte. Erschrocken fuhr er empor. Fanny sah ihn etwas verwundert an und trat ihm rasch näher. „Was fehlt Ihnen?" fragte sie lebhaft. „Ist Elfriede hier gewesen?". fügte sie hinzu, den Blick suchend umhersendend, ob sie vielleicht auf den Balkon Platz genommen. „Hat Elfriede böse Laune? Hat Elfriede Sie beleidigt?"

„Fräulein Elfriede mich beleidigt?" wiederholte Ewald zerstreut, aber augenscheinlich sehr frappirt.

„Ja, ja! Läugnen Sie nicht, Baron! Bisweilen ist Elfriede garstig unfreundlich gegen Sie!" rief Fanny mit der ganzen Unbefangenheit ihres Naturells. „Gestern Abend zum Beispiel — ich habe es wohl bemerkt —"

Der Baron blickte sie scharf an und wendete dann mit Gleichmuth den Blick hinaus in die Ferne. „Gestern Abend?" sprach er dabei gedankenvoll. Er wußte recht gut, was das sorglose Mädchen meinte, aber sie wußte nach seiner Meinung nichts von der Bedeutung der kleinen Scene, die sich in Folge eines leisen Wortes voll flammender Leidenschaft zwischen Elfriede und ihm entsponnen hatte. Elfriedens spöttische Oeffentlichkeit ihrer Beantwortung war allerdings eine herbe Zurückweisung gewesen.

„Ja wohl, gestern Abend, mein Herr," schäkerte das Fräulein, „Elfriede benahm sich rücksichtslos gegen Sie — man sah, daß es Ihnen weh that — ich werde das ferner nicht dulden!" schloß sie mit gutmüthigem Trotze.

„Sie wollen für mich in die Schranken treten," rief Ewald gezwungen lachend. „Was wird Ihre

Freundin zu diesem Heroismus sagen? Wird sie sich
nicht wundern?"

Fanny warf ihren Kopf mit schmachtender koketter
Miene zurück. Sie sah allerliebst bei dieser Pantomine
aus. — „O," sprach sie dabei „Eifriede weiß ja, wes=
halb Sie hier sind!"

„Weshalb ich hier bin — !" wiederholte der junge
Edelmann mit so schwerfälliger Bedeutsamkeit, daß die
junge Dame von Furcht ergriffen und eine gewaltsame
Liebeserklärung voraussehend, pfeilschnell den Garten=
salon verließ.

Ihr Vater begegnete ihr in der Thür. Ihre
Verwirrung, das hohe Roth ihrer Wangen und die
Eile ihrer Flucht brachten ihn zu der Meinung, daß
hier „etwas vorgefallen" sei, wozu er ein „Ja" und
„Amen" sagen müsse. Schmunzelnd, ein väterliches
Wohlbehagen in allen Mienen trat er ein und schritt
eilfertig auf den Baron zu, der ganz andern Gedanken
nachhing, als der glückliche Vater voraussetzte.

Die sichtliche Wirkung der innerlichen Vaterfreude
verrieth aber dem jungen Manne, was er zu erwar=
ten hatte, wenn er nicht als kluger Feldherr operirte
und den Angriff abzuschlagen suchte, deshalb zwang er
sein Gesicht zu dem möglichst heitern Ausdrucke, als
Herr Adam ihm gemüthlich die Hand auf die Schultern

legte und kopfnickend hinter der verschwundenen Fanny
her deutete, und rief lachend:

„Sie haben eine tapfere Tochter, Herr Adam!"

„Wie so?" fragte der gute Mann, ganz aus der
Fassung gebracht, mit so komischem Ernste, daß Ewald
Mühe hatte seine weitere Erwiederung vor unziemlichem
Spotte zu bewahren.

„Für dies Mal gerettet!" murmelte er aber, als
er gleich darauf unter einem Vorwande den Salon
verließ. „Was soll jedoch daraus werden? Die Leute
haben das Recht eine Erklärung zu fordern! — El=
friede weiß, weshalb ich hier bin? Sie weiß es —?
Wenn sie es aber nicht gewußt hätte, würde sie mir
dieselbe strenge und consequente Ruhe entgegengetragen
haben? Liegen nicht vielleicht Elemente in dieser jung=
fräulichen Brust, die sympathetisch mit meinem frühern
phantastischen Träumereien sind?"

Von diesem Augenblicke an war der Baron auf=
gestört aus seiner Seelenruhe und einer peinlichen
Aufregung überantwortet. Er sah sich in seinen eige=
nen Netzen gefangen, durch sein gegebenes Wort ge=
bunden und betrachtete fortan die Verhältnisse mit dem
Unbehagen eines eingesperrten Vogels, dem Futter
in Ueberfluß und ein goldener Käfig die Freiheit er=
setzen soll.

Er war jedoch keineswegs so ungerecht, die Schuld von sich abzuwälzen. Im Gegentheil, er nahm edelmüthig den größten Theil auf seine Schultern und trug sein stilles Herzeleid unter den quälendsten Selbstvorwürfen.

Am nächsten Morgen erst erschien Elfriede wieder im Salon. Ewald begrüßte sie ernster als sonst. Er stand schweigend in einiger Entfernung von ihr und betrachtete sie anscheinend mit kühler Aufmerksamkeit.

Von dieser sonderbaren Beobachtung befremdet, hob die jung Dame zuerst mehrmals das Auge fragend zu ihm auf und veränderte, als dies nichts fruchtete, plötzlich ihren Platz.

Es war jedenfalls die richtigste Manier ihm ihre Indignation über sein Benehmen auszudrücken und ihre Selbstbeherrschung trat dabei in das hellste Licht.

Von den übrigen Anwesenden bemerkte Niemand die stumme Kriegführung dieser beiden ebenbürtigen Mächte.

Madame Adam war stets ihren Bemühungen, die liebenswürdige Wirthin zu machen, so unbedingt hingegeben, daß sie für nichts Anderes Sinn behielt. Sie wünschte auf ihre Art auch zu exceliren und suchte

durch eine affektirt feine und graziöse Aufmerksamkeit
zur Hebung ihrer häuslichen Geselligkeit beizutragen.
Natürlich vergriff sie sich wie alle Frauen, die von
einer einfachen Lebensweise zu höheren Lebensstellungen
avancirt sind, dabei leicht in den Mitteln und zer=
störte durch allzueifrige Sorge den glücklichen Erfolg.

Bis dahin hatte Fräulein Elfriede mit ihrer an=
geborenen und anerzogenen Anmuth und Leichtigkeit
stets das Zuviel in diesen Bemühungen vermittelt,
allein an diesem verhängnißvollen Morgen war sie
dergestalt eingenommen von ihren eigenen Kümmer=
nissen, daß sie sich in einen Winkel zurückzog nnd die
Adam'schen Prinzipien walten ließ.

Mit Schrecken sah sich durch diese Unthätigkeit
der arme Baron in einen förmlichen Belagerungszu=
stand versetzt und es schien ihm plötzlich darauf abge=
sehen zu sein, seine Phantasie durch einen Ueberfluß
von schönen Redensarten, begleitet mit bedeutenden An=
preisungen der vorliegenden Frühstücksartikel, zu er=
wärmen. Jeder feinen Behaglichkeit entkleidet stand ihm
ein Familienleben vor Augen, das trotz allem Luxus
seine Schrecknisse vor ihm entfaltete.

War es denn möglich, daß es bis zu diesem Mo=
mente dem Wohllaut einer süßen Mädchenstimme allein

gelungen war, den herben Abstand zu verschleiern, der
zwischen seinen Gewöhnungen und den Eigenthümlich=
keiten dieser Leute obwaltete oder bewirkte das zuneh-
mende Vertrauen die Kundgebungen ihrer Individua-
lität? Mit verrätherischer Beklommenheit streifte des
jungen Barons Blick das Gesicht Elfriedens und das
medisante Lächeln, womit diese Dame die entsetzlichen
Bemühungen der Madame Adam betrachtete, erklärte
ihm genugsam, daß er nur allein blind für die auf=
fallenden Verletzungen der hergebrachten geselligen For=
men gewesen war.

Eine leidenschaftliche Empfindlichkeit überwältigte
sein gutes Herz bei dieser Bemerkung. Elfriedens Be=
tragen schien ihm als ein systematischer Hohn, der
ihre Verachtung gegen seine Pläne ausdrücken sollte.
Sie hatte sich mit Selbstbewußtsein über die Sitten
und Gebräuche der bürgerlichen Großprahlerei empor=
geschwungen und war dadurch zu dem Rechte gelangt,
die weltliche Erbärmlichkeit seiner Pläne zu verspotten.
Ihre Kritik beruhete auf den Grundsätzen der Moral,
welche er mit Sophismen umgangen hatte und diese
Kritik warf ihn in eine Kategorie mit jenen Schwäch=
lingen, die ihre Ehre dem Wuchergeiste unterordnen.
O — er hätte sein Leben lassen mögen, um die Scham=

röthe zu verwischen, die lodernd seine Wangen über-
flog!

Der Baron war ein Meister in Ausübung äuße-
rer Formen. So gewaltig seine innere Aufregung
wurde, nicht eine Miene seines Gesichtes verrieth die
Qualen, die er fühlte und sein fester Wille bemeisterte
sogar nach und nach die Klanglosigkeit seiner Stimme,
womit er seine gewöhnliche Scherze begann.

Elfriede mochte nicht ganz so gefühllos sein wie
sie sich stellte. Sie gab ihr Schmollen auf und versuchte
die Pein zu vermindern, die den jungen Edelmann
sichtlich bemüthigte. Jetzt aber wurden ihre Bemühungen mit stolzem Trotze vom Baron zurückgewiesen
und er schien es sich zum Gesetze zu machen, die treffenden, geistreichen Einfälle des jungen Mädchens durch
seine Gleichmüthigkeit augenblicklich zu entkräftigen.

Der Kampf zwischen ihnen entbrannte nun still,
aber heiß. Beide, vollendete Meister in der Kunst ge-
sellige Verhältnisse zu beleben, wendeten ihr Talent
lediglich dazu an, um die Geißel der Satyre unmerk-
lich gegen einander zu erheben und sie zuweilen mit
zermalmender Härte zu schwingen. Dabei amüsirte
sich Herr Adam, seine ehrenwerthe Gattin verfiel in
Betrachtungen über solche enorme Klugheit und Fräu-

lein Fanny lachte. Wohin zuletzt diese täglichen Kämpfe mit ihren Siegen und Niederlagen führen würden, dar= über dachte Niemand nach, am wenigsten die beiden Kämpfer.

.

———————

Fünftes Capitel.

Während sein Freund Ewald auf dem Gute.des Herrn Adam beschriebenermaßen sein Unwesen trieb, lebte der Artillerielieutenant Brisek still und vergnügt in den Tag hinein. Er hatte vor längerer Zeit sein Capitänsexamen absolvirt und endlich nach langem Warten jetzt die Nachricht erhalten, daß er als „bestanden" zu betrachten sei und bei irgend vorkommenden Avancen berücksichtigt zu werden hoffen könne.

Da er nun mit Seelenruhe diesem glücklichen Zeitpunkte entgegensehen konnte, so nahm er in den Mußestunden, welche ihm der Dienst übrig ließ, allerlei Dinge vor, womit sich ein verständiger Artillerielieutenant wohl zu beschäftigen pflegt und dabei dachte er gelegentlich an seinen Freund, den er, als glücklichen Argonauten, dem Hafen seines Glücks so nahe glaubte, daß er nur die Ankertaue auszuwerfen nöthig hätte. Seine Sorge um Ewalds Wohlsein hatte sich ziemlich gelegt und er betrachtete den Abfall des Freundes von ihren Jugendtheorien nachgerade mit verzeihendem Herzen.

Eines Morgens saß er im wohlbekannten, saubern Stübchen vor seinem Reißbrette und entwarf Pläne zu einer Citadelle im neuesten Style, als sein Bursche mit wichtiger Eilfertigkeit die Thür aufriß und ziemlich laut hinein schrie:

„Herr Lieutenaut — eine Telegrafentasche!"

Brisek sah sich lachend um. „Dummer Kerl — was?" fragte er sorglos.

Der arme Bursche rieb sich die Ohren. „Ja — Herr.Lieutenant — hier ist der Mann, der sie bringt," erwiederte er in kläglicher Verlegenheit.

Der Telegrafenbote trat ein und überreichte ein Couvert nebst dem üblichen Quittungszettel des Telegrafenbureaus, den Brisek jetzt etwas eilfertiger als vorhin ausfertigte, um nur erst den Inhalt der Depesche zu erfahren, da er aus der Station ersah, daß sie vom Baron Ewald kam.

Mit fieberhafter Spannung riß er das Siegel auf und seinen Blicken begegneten die beiden Worte: „Komm! Komm!" mit seines Freundes Namen als

Unterſchrift. Bedenklich blickte Briſel auf die paar
Worte nieder und ſuchte ſie ſich zu erklären. „Komm!
Komm!" murmelte er. — „Wie läßt ſich dieſe lakoni=
ſche Kürze interpretiren? Ganz verſchieden! Iſt der
Accent der Freude darin, ſo leſen ſie ſich als Jubel
eines beglückten Herzens. — Ja, ja! Komm, ſiehe
und ſtaune! So kann es heißen — aber eben ſo
richtig könnte man es als „Hilfe! Hilfe!" überſetzen!
Verwünſcht, daß dieſe auf dem Telegrafendraht ent=
lang gelaufenen Worte auch nicht das Mindeſte von
menſchlicher Innerlichkeit verrathen. Hätte Ewald ſie
geſchrieben, ſo wollte ich aus den Grundzügen er=
kennen, was er dabei gefühlt hat, ſo aber ſtehen ſie
kalt, fremd, ſtabil verzeichnet da, ohne Hauch und ohne
Leben. Es bleibt mir nichts weiter übrig, als hurtig
Urlaub zu ſuchen und noch heute den Weg zurückzu=
fahren, denn dieſe Worte hergeflogen ſind."

Er kleidete ſich an zur Viſitte bei ſeinem Vorge=
ſetzten, gab ſeinem Johann die nöthigen Anweiſungen
für ſeine Reiſeeffecten und verließ das Zimmer mit
einer Eile, die hinlänglich Zeugniß ſeiner innern Un=
ruhe war.

Unter dem Vorgeben wichtiger Familienereigniſſe
erbat er ſich Urlaub auf zwei Tage und bevor die Som=
merſonne ihre Strahlen am nordweſtlichen Horizonte

von der Erde abzog, stand er auf dem Perron der Station Bohrendorf und sah das hübsche weiße Gutshaus im Sonnengolde vor sich liegen.

Gleich darauf eilte ein Herr auf ihn zu und faßte herzlich seine Rechte. Es war Eschenrode.

„Guten Abend, Richard!" flüsterte der Baron, während Brisek ihn unverwandt anstarrte. „Gottlob, daß Du da bist!"

„Menschenkind," brach dieser los, „Menschenkind, was ist los mit Dir? Was fehlt Dir? Bist Du krank, Ewald?"

Der Baron lächelte schwach. „O, nein! Komm, laß uns hinaufgehen — dort sind wir ungestört." Er schritt stürmisch voraus, der Lieutenant folgte ihm kopfschüttelnd nach. Es war unbestreitbar gewiß, daß Ewald von Eschenrode ungeheuer verändert aussah, daß entweder ein Körper- oder ein Seelenleiden die Spuren der Zerstörung auf sein sonst so schönes Gesicht geprägt und die edle Harmonie seines Wesens unterjocht hatte. Ein garstiger ironischer Zug entstellte sein Mienenspiel und die Augen, sonst so treu und gut, flackerten in einem unsteten Feuer. Dazu deckte ein fahles Bleich seine Wangen und die Stirn wie Wolken tiefen Verdrusses auf.

4*

Kaum hatten die Freunde Platz genommen, so begann Brisek in theilnehmendem Tone:

„Nun beichte mir was vorgefallen ist, mein Py= lades!"

„Vorgefallen ist gar nichts," entgegnete Ewald dumpf und blickte zerstreut vor sich hin.

„Hat der Papa, als Actienmajestät, Bedingungen gestellt, die Dir nicht zusagen?" forschte Brisek weiter, als er vergeblich auf eine vollständige Beichte gewartet hatte und wohl einsah, daß er nichts erfahren werde, wenn er nicht schärfer zu inquiriren beginne.

„O — nein!" antwortete Ewald gedehnt und strich verlegen seinen Bart glatt.

„Oder hast Du vergebens um Liebe geworben?"

Ewald hob seinen Kopf und erröthete stark. „Wenn ich darüber im Klaren wäre!" sprach er halblaut.

„So frage doch darnach!" rief Brisek ungeduldig.

„Sie würde mir hohnvoll antworten," erklärte der junge Edelmann dumpfen Tones.

„Aha — sie ist capriciös!" meinte Brisek. „Schlimm, aber immerhin interessanter als dumm und gefügig. Ich begreife nur nicht, wie ein gewesener Hu= sarenlieutenant so desperat feige sein kann, sich vor einem Bischen Hohn auf Mädchenlippen zu fürchten und darüber ein zweiter Werther mit seinen Leiden zu werden. Du haſt ja Rechte — fuße doch darauf!"

Ewald ſah ihn mit gedankenleeren Blicken an.

„Ich denke, Fräulein Fanny hat gewußt, was Ihr zuſammen verabredet hattet?" fuhr Briſek hartnäckig weiter forſchend fort.

„Fräulein Fanny? — Fräulein Fanny? — Ja Fräulein Fanny!" erwiederte nun Ewald wieder mit jenem leiſen Lächeln, das ein unſägliches Mitleid in Briſeks Herzen aufwühlte.

„A—h ſo! ſprach Briſek begreifend. „Es iſt noch Jemand Anderer liebenswerth auf Burg Bohrendorf," ſpöttelte er gutmuthig. „ Nun und wer iſt das?"

Ewald ſchüttelte traurig den Kopf. „Laß das — mir iſt der Schmerz näher als der Scherz und daß ich denſelben eigentlich verdient habe, daß ich mit veräcdt= lichem Leichtſinne auf einen Weg gerathen bin, der in Labyrinthe führt, das beugt mich."

„Wenn ich erſt weiß, wie die Sachen ſtehen, ſo will ich Dir ſagen, ob Dir zu helfen iſt!" erklärte Briſek treuherzig. „Iſt die „Andere" eine Verwandte des Hau= ſes?" inquirirte er wieder, um endlich hinter das Sach= verhältniß zu kommen.

„Nein — ſie iſt aus dem Hauſe Harrowitz —" beichtete Ewald kleinlaut.

„So —," entgegnete Briefel zufriedengestellt. „Also von Adel? Und Du liebst sie?"

Eschenrode sah ihn an ohne zu antworten. Brisel wußte genug, denn er kannte den Ausdruck in seines Freundes Augen. Freilich überstieg die Gluth derselben für dies Mal Alles, was er bis dahin darin gelesen hatte, allein das beunruhigte ihn eigentlich nicht, da er über= zeugt war, daß seine Geliebte damit nicht unzufrieden sein werde.

„Fräulein von Harrowitz ist aber arm?" fragte er.

Eschenrode fuhr empor. „O — wenn es nur das wäre!" rief er leidenschaftlich. „Ich würde arbeiten gleich einem Tagelöhner, um die Mittel zu erwerben, sie ohne Sorge mein zu nennen."

Brisel rieb, innerlich über die Wiederkehr zu sei= nen frühern Principien frohlockend, die Hände.

„Mein Himmel, Menschenkind, was sollte Dich abhalten von einer Verbindung mit ihr, wenn Du in diesem Stücke resignirst? Was ist's denn?"

„Sie verachtet mich!"

„Verachtet — Dich! — Dich verachten? Unmög= lich! Weshalb?"

„Weil sie weiß, weshalb ich in Bohrendorf bin!"

„Nun — so gehe doch schleunigst fort von Boh= rendorf!" rief Brisel eifrig und heiter.

„Nachdem ich vier volle Wochen die Täuschung unterhalten habe, Fanny's wegen dort zu sein?"

„Verwünscht —! Warum bliebst Du aber? Du konntest ja laut der Verabredung ungefährdet abziehen?"

„Das ist's, was mich elend macht! Ich verstand weder mein Gefühl, noch sah ich die Gefahr, worein ich stürzte — blindlings voll unverstandener Leidenschaft stürzte."

„Was sagen die Majestäten auf Bohrendorf zu der Geschichte?"

„Was diese sagen? Sie wissen nichts davon, ahnen in ihrer Einfalt nichts davon und erwarten mit jedem Augenblick meine Erklärung, um dann ein solennes Verlobungsfest loszulassen," entgegnete Eschenrode mit großer Bitterkeit.

Brisek sah ihn tadelnd an. „Die Familie Adam ist also wenig beachtungswerth?" fragte er vorwurfsvoll.

„O — Gott behüte mich, daß ich dergleichen Urtheile gäbe!" rief Ewald hastig. „Sie haben sich sehr gütig und liebreich gegen mich benommen und Fanny ist schön, gut und freundlich genug, um sie liebenswerth, auch ohne sechzigtausend Thaler baare Mitgift, zu finden, allein mein innerliches Leiden verbittert mich gegen sie."

„Wie steht Fräulein von Harrowitz zu der Familie?"

„Sie ist eine Freundin Fanny's und ein hochgeachteter Gast im Hause."

„Fräulein von Harrowitz ist schöner als Fanny?"

„Für mich — ja, tausendmal — ja!" rief Eschenrode enthusiastisch. „Sie ist das vollständige Abbild des Ideals, das ich Dir so oft malte! Mein ganzes Herz gehörte ihr beim ersten Anblicke, wo ich sie in meiner stürmischen Herzensfreude für Fanny Abam hielt —."

„Sie ist stolz, diese Elfriede?"

„Sehr stolz, sehr zartfühlend, sehr rein und jungfräulich? Die leisen Verräthereien meines wild entflammten Gefühles wies sie mit der Ruhe einer Vesta zurück."

„Natürlich, ganz natürlich, mein Pylades," spottete Brisel gemüthlich, „denn sie mußte glauben, Du wollest sie lieben und Fräulein Fanny heirathen."

„So wird es auch werden müssen," entgegnete Ewald mit trübem Ernst.

„Soll das heißen, daß Du eine Heirath mit Fanny schließen willst, wenn Fräulein Harrowitz Dich nicht liebt, oder willst Du auf alle Fälle zur Verlobung mit Fanny schreiten?"

Eschenrode stützte seine Stirn in die Hand ohne zu

antworten. Brisek wartete ganz gelassen auf eine Antwort und wiederholte nach einer Pause dieselbe
Frage.

„Richard — ich will Dir gestehen, welch' ein kna-
benhaftes Vertrauen ich auf Deine Freundschaft gesetzt
habe," sprach der junge Edelmann nun ganz gefaßt. „Du
bist von mir zu Hilfe gerufen, um mich zu retten!"

„So — so — also irrte ich mich, nicht, als ich aus
dem „Komm! Komm! „Hilfe! Hilfe" — herausinter-
pretirte," warf Brisek scherzend ein. „Weiter, mein Pylades!"

„Ich werde mich ermannen, wenn es auch einige
Jahre Lebensruhe kosten wird, und werde das Bild Elfrieden's im Heiligthume meines Herzens still gebannt
tragen, aber ich werde mit diesem heiligen Gefühle nie-
mals um Fanny werben!"

„Recht so! Recht so! Weiter!"

„Daß ich jedoch meine Ehre gern makellos aus
diesem Wirrwar erretten möchte, wirst Du natürlich finden. Willst Du die Lösung des Verhältnisses überneh-
men?"

„Ja! Ja! Ja! Weiter!"

„Willst Du aber auch Elfrieden veranlassen, daß
sie ihre harte Verurtheilung zurücknimmt, daß sie scho-
nend die Motive meines Entschlusses erwägt und willst

Du dafür sorgen, daß der Schein gemeiner Habsucht von meiner Handlung entfernt wird?"

Brisek zögerte mit der Antwort. Endlich sagte er: „Ewald, ich muß Fräulein von Harrowitz erst kennen lernen, ehe ich diesen Theil Deiner Mission auf mich nehme. Dem kalten ahnenstolzen Mädchen nahe ich mich nicht —, finde ich ein menschliches Irren bei ihr, so will ich Deinen Wunsch erfüllen, obwohl ich es ihr kaum verzeihen kann, daß sie Dich „verachtet" —"

„Sei ruhig, Richard," unterbrach Ewald ihn. „Ich verdiene die Verachtung eines edlen Mädchenherzens!"

„Du bist und bleibst der Phantast des neunzehnten Jahrhunderts," lachte Brisek ganz erheitert. „So geht es aber, wenn sich die Phantasie mit Geldsäcken verehlichen will! — Mir hat es doch beinahe geahnt, daß Deine Heirathsprojecte mit schmählicher Niederlage enden würden. Frisch den Kopf gehoben, Brust heraus und das Herz in die rechte Stelluug gebracht! — Wir wollen aufbrechen nach Bohrendorf! — Man erwartet mich doch?"

„Ich habe geäußert, daß Du vielleicht einen Abstecher von wenigen Stunden hierher machen würdest und man hat mir die herzlichsten Einladungen für Dich aufgetragen. Wie lange kannst Du bleiben?"

„Zwei Tage und anderthalb Nächte!" verkündete Brisek mit lachendem Pathos. „Lange genug also, alle Vorurtheile umzustoßen. Zuerst werde ich jedoch mein Geschütz auf die Verachtung des gnädigen Fräulein von Harrowitz richten und dann die kleine Adamitin à faire nehmen!"

Er legte seine Hand auf Ewalds Arm und schritt sehr muthig auf den Park des Bohrendorf'schen Herren=hauses zu.

Sechstes Capitel.

Auf dem Balkon des Hauses saßen die beiden jungen Damen, einig, freundlich und liebevoll gegen= einander wie immer, Fanny in unverändert guter Laune, stets bereit zum Lachen und selig im Nichtsthun, El= friede hingegen fleißig mit einer Stickerei beschäftigt und viel bleicher und ernsthafter, als es sich für ihre Jahre ziemte. Die Luft von Bohrendorf schien ihr durch= aus nicht gut zu bekommen und es that ihrer Schön= heit ganz bedeutenden Abbruch, daß ihr Auge matt uud ihre Wange schmal wurde. Sie sah krank aus, allein da sie nicht klagte, so dachte Niemand daran sie um ihren Gesundheitszustand zu befragen. Und das Wort auf ihren Lippen bewies auch nichts weniger als Leiden und Kummer. Stets bereit zu jenen treffenden Einfällen nnd Vergleichungen, die einen gesunden und kräftigen Geist verrathen und die aus ernstem Munde um so komischer klingen, war sie nach wie vor das belebende Princip des kleinen Kreises im Adam'schen Hause, der sich bei der allbekannten Gastfreundschaft des Hausherrn fast täglich erneuerte.

Die Neugier lockte die Nachbarn der ganzen Gegend her, als sich die Nachricht verbreitete, daß Baron Ewald von Eschenrode als erklärter Freier auf Bohrendorf verweile.

Fräulein Fanny bildete die Blume als Zierde dieser Versammlungen, Fräulein Elfriede den Stern, der Alles zu einem gewissen geistigen Gewichte erhob, was im Hause geschah. Herr Adam hatte außerordentlich viel Menschenkenntniß verrathen, indem er dies junge, reizende und begabte Mädchen für fähig erklärte, seinem Familienzirkel ein Relief zu geben und er that sich, für den Augenblick wenigstens, viel auf den Einfall zu Gute.

Seine Ungeduld die Verlobung Fannys erklären zu können stieg mit jedem Tage. Er bemerkte sehr wohl, daß er bei seinen adeligen Nachbarn im Preise stieg, als man den Sprößling der stolzesten Familie des Landes zu den Füßen der reichen Bürgerstochter sah und er begriff sehr wohl, daß eine allzulange Verzögerung des allgemein erwarteten Ereignisses ihn in ein schiefes Licht setzen würde. Allein direct veranlassen konnte und durfte er keine Erklärung. Aus diesem Grunde war ihm daher die Nachricht von einem möglichen Besuche des Lieutenant Brisek, des vertrautesten Freundes des Barons, sehr angenehm. Der Mann kam ihm gelegen. Gegen ihn konnte er ein Wörtchen fallen lassen und eventualiter von ihm auch ein Wörtchen erfahren.

Ganz seinen Wünschen angemessen blieben die beiden jungen Damen auf dem Balkon sitzen, als der Thee getrunken war und er gewann dadurch Gelegenheit sich auf den Weg zu begeben, den die beiden Freunde vom Bahnhofe einschlagen mußten. Er wollte ihnen begegnen und durch schlaues Fragestellen einen Anknüpfungpunkt für seine Angelegenheiten herbeiführen.

Sein Plan scheiterte an dem Einfalle des Barons, auf einem schmalen Feldwege den Park des Gutes zu gewinnen und von dort aus das Herrenhaus zu betreten.

Als Herr Adam auf dem gewöhnlichen Wege dem Bahnhofe zusteuerte, hatte er das Vergnügen mehrere Equipagen auf sich zukommen zu sehen und es währte gar nicht lange, so sah er sich von einer zahlreichen Gesellschaft fröhlicher Menschen umzingelt, die der Familie Adam auf Bohrendorf einen Abendbesuch zugedacht hatten. Es blieb ihm nichts weiter übrig als fröhlich mit den Lachenden umzukehren und seine Pläne aufs Geradewohl zu verschieben.

Während er dieß Abenteuer bestanden hatte, waren die beiden Freunde von der Rückseite in sein Besitzthum einpassirt und der sonst so muthige Artillerieoffizier hatte mit einigem Herzklopfen der ersten Vorstellung zweier Damen, die so bedeutenden Einfluß auf die Herzensbewegungen seines Freundes ausgeübt, entgegengesehen.

Die Sache war weit besser vor sich gegangen als er gedacht.

Mit courageusem Gesichte war er „eingerückt," hatte „Bresche geschossen" und saß schon „bombenfest" in der Gunst beider Mädchen ganz seelenvergnügt zwischen ihnen, als Papa Adam in Begleitung seiner Gäste eintraf und mit großen Augen die Herren begrüßte, die seiner Berechnung entgangen waren.

Madame Adam zeigte sich an diesem Abende in ihrer ganzen Glorie. Die großartige Gastlichkeit des Actienkönigs breitete sich wahrhaft mäjestätisch aus. Wie durch Zauber war urplötzlich eine brillante Gesellschaft zusammen. Es schienen aber auch Feenhände bereit zu sein diesem improvisirten Festen Glanz zu verleihen und üppige Genüsse zu bereiten.

Dem bürgerlich einfach erzogenen Brifek impo=
nirte dieser fürstliche Luxus und es erfüllte ihn einiger=
maßen mit Achtung, daß sein Freund nicht davon ver=
blendet worden war. Was dem Baron ein geringschät=
zendes Lächeln abzwang, das erfüllte ihn mit Ehrfurcht.
Er sah sich unter den Triumphbögen des selbsterworbe=
nen Ueberflusses mit andern Empfindungen um, als der
hochgeborene Freund, den die Schwäche des Millionärs
für das, was er nicht selbst erwerben konnte, auf einen
Standpunct brachte, wo die Götzendienerei anhebt.

Das improvisirte Fest schloß mit einem improvi=
sirten Balle, der dem Lieutenant Brifek volle Gelegen=
heit verschaffte, sowohl das Naturell Fannys, als das
Temperament Elfriedens zu prüfen.

„Schade, mein Pylades,“ sagte er spät in der
Nacht, als die Gäste endlich aufgebrochen waren, der
Tumult sich gelegt hatte und Beide etwas matt und
müde nach ihrem Zimmer wanderten, „Schade, daß
Fräulein Fanny nicht etwas stolzer und Fräulein El=
friede nicht etwas weicher und demüthiger ist.“

„Du hast Beweise ihres harten Sinnes?“ fragte
der Baron, ohne das Urtheil über Fräulein Adam nur
im Geringsten zu beachten.

„Beweise? Nein. Aber Vermuthungen! Sie hörte
mit eiserner Ruhe an, was ich von Dir erzählte. Was

sie dabei gedacht hat, konnte man nicht erkennen — dagegen habe ich die gegründete Hoffnung, daß sich Fanny nicht um Dich todt grämen wird. Jetzt bin ich gehörig präparirt und kann morgen meine diplomatischen Talente spielen lassen."

„Auch ich habe vorgearbeitet und eine kleine Reise mit Dir in Aussicht gestellt," entgegnete der Baron. „Meine Rückkehr hierher machte ich freilich davon abhängig, daß sich Herr Adam vernünftig beträgt. Will er sich blamiren, so mag er mich nur zwingen, die Verbindung mit ihm jähe abzubrechen. Was er an glänzenden Erscheinungen heute um sich versammelt gesehen hat, was überhaupt an Adel hier in der Umgegend lebt, das Alles muß er in mir schonen, sonst verdirbt er seine Stellung. Ich werde ihn ehrlich und offen auf die Freimaurerei des Adels, die sich durch die verschiedenen Verzweigungen und Verheirathungen bildet, aufmerksam machen, werde ihn belehren über die wenig tröstlichen Aussichten auf spätere günstige Erfolge, wenn er Lust bezeigen sollte, sich bei der Lösung unser gegenseitigen Verbindlichkeiten brüsk zurückzuziehen und werde mein Unrecht eingestehen, natürlich ohne Zugeständnisse der obwaltenden Gründe." .

„Du hast schon früherhin Geldgeschäfte mit Herrn Adam entrirt?" fragte Brisek dazwischen.

„Ja! Ich habe von ihm das Versprechen eines bedeutenden Darlehens. Will er es annulliren, so muß ich es mir gefallen lassen."

„Das wird er gewiß thun!"

„Gut — ich füge mich gern in diese verdiente Strafe. Ich deprecire, arbeite nach menschlichen Kräften und harre auf einen Tag, der mich für meine Bestrebungen belohnen kann."

„Also — morgen früh recognosciren wir, allarmiren durch einiges Pelotonfeuer die sichern Wachtposten und beginnen dann heroisch eine förmliche Attake! Gute Nacht, mein Pylades! Er schüttelte seinem Freunde die Hand und wollte in's Nebenzimmer schlüpfen, wo er schlafen sollte. Plötzlich wendete er sich nochmals um.

„Apropos — was hast Du in Hinsicht auf Fräulein von Harrowitz beschlossen, Ewald?"

„Gar nichts!" erwiederte Eschenrode sehr bestimmt.

„Willst Du Dich gegen sie erklären? Vielleicht insgeheim ein Band der Verlobung —"

Eschenrode wehrte die Vollendung dieser Frage durch eine sprechende Geberde ab.

„Nein, Richard — nein! Was zwischen ihr und mir liegt, muß ich in den Schooß der Zeit legen. Wende nur ihre Verachtung von mir ab — sonst wünsche ich nichts!"

Die Thür schloß sich hinter dem Artillerielieutenant. Ob er in Aussicht auf seine kriegerischen Thaten in einem Terrain, das ihm völlig fremd war, nicht ebenso unruhig geschlafen hat wie sein Freund, das können wir nicht verrathen.

———

Siebentes Capitel.

Der nächste Morgen brach trübe herein. Die Sonne verbarg sich hinter dichten Wolkenschleiern, die Luft war drückend schwül und lag regungslos und blei= schwer auf der Flur.

Dieselbe Schwüle und Trübseligkeit zeigte sich in den Gesichtern einiger Menschenkinder, als der Früh= stückstisch servirt stand und die Bewohner des Herren= hauses sich um denselben versammelten. War es nur die Einwirkung der Atmosphäre, die Fräulein Elfriede so eigenthümlich sanft und traurig machte? War es das matte Tageslicht, welches Ewald von Eschenrode so todesbleich erscheinen ließ? War es die drückende Luft, welche dem tapfern Lieutenant bisweilen alle Con= tenance raubte, wenn er sich im Brennpunkte von El= frieden's fragenden Blicken sah?

Banale Phrasen ersetzten an diesem schwülen, dunklen Sommermorgen das sonst so geistreiche Kreuzfeuer, womit Ewald und Elfriede auf Kosten ihres eigenen Herzens die Gesellschaft amüsirt hatten. Das Frühstück ging unter wenig poetischem Eifer mit Essen und Trinken vorüber. Herr Adam wurde von einem Geschäfte gleich nach demselben in Anspruch genommen und Madame verfügte sich ächzend vor Hitze nach ihrem Boudoir.

Eschenrode, von einem bedeutsamen Blicke seines Freundes belehrt, zog sich auf einige Minuten zurück und überließ den beiden jungen Damen die Unterhaltung des kriegerisch gesinnten Brisel, der in einer Stimmung, die an Verzweiflung grenzte, fürchterliche Pläne entwarf.

Fräulein Fanny gestand in liebenswürdiger Naivetät „sehr langweilig zu sein" und nahm die möglichst bequemste Stellung in ihrem Sessel ein, den sie übermüthig hin- und herrollte „um nur einen Luftzug hervorzubringen."

„Wir bekommen Gewitter, Herr Lieutenant, —" rief sie schäckernd, „auf Ehre, wir müssen Gewitter bekommen, um nicht vor Hitze zu ersticken!"

„Das Gewitter wird nicht ausbleiben, Fräulein

Fanny," entgegnete Brifel, „ja — mir bäucht, es ist
schon im Anzuge —"

Fanny lachte. „Wo denn? Ich sehe nichts
blitzen und höre nichts donnern!"

Brifel seufzte komisch, worüber Fanny herzhaft
lachte, Elfriede jedoch betroffen wurde und ihn mit einem
schnellen Seitenblicke fixirte.

„Sehen Sie in mir den Donnergott, mein Fräu=
lein!" fuhr er fort. „Ich trage vielleicht dieselben ver=
heerenden und segensreichen Elemente in mir, wie ein
rechtschaffenes Gewitter."

Fräulein Elfriede senkte ihren Blick auf ihre
Stickerei und erhob ihn im Laufe des ganzen nun fol=
genden Gespräches nicht wieder.

„Donnern Sie los, Herr Zeus!" scherzte Fanny.

„Sie fürchten sich nicht, mein Fräulein?" fragte
Brifel.

„Furcht kenne ich nicht, „auf Ehre" — ich habe
mich noch nie furchtsam gezeigt! Donnern Sie nur
immerhin tüchtig, Herr Lieutenant!"

„Nein, mein Fräulein — ich will Blitze senden —
helle, grelle, leuchtende, vernichtende, verzehrende Blitze
— das Donnern überlasse ich Ihnen. Was meinen
Sie zu der blitzenden Erklärung, „daß mein Freund
Ewald von Eschenrode Sie trotz ihrer Schönheit nicht

liebt!" Der Ausfall war gewagt — er schlug ein
wie eine Bombe. Fräulein von Harrowitz neigte sich
tiefer auf ihre Arbeit, Fanny hingegen hob sich zu einer
sehr krampfhaften Haltung empor. Zuerst zeichnete der
Schreck seine dunkeln, entstellenden Schatten auf ihr
blühendes Gesicht, dann aber zog die Gluth des zorni-
gen Eifers darüber.

„Hat Herr von Eschenrode Ihnen aufgetragen,
mir dies zu sagen?" fragte sie sehr heftig.

„Ja, —" antwortete Brisek ruhig, aber die Blässe
seines Gesichtes verrieth, wie tief er die Beleidigung
fühlte, die er sich gegen das arme hübsche Mädchen er-
laubte.

„Warum bleibt der Herr bei uns, wenn er so
fühlt?" fuhr Fanny mit steigendem Aerger fort.

„Mein Fräulein — das verdient allerdings Ihren
Tadel!" entgegnete Brisek unter dem Zwange des er-
heuchelten Gleichmuthes.

„Warum setzte mich dieser Mann dem Gerede der
Leute aus?"

„Mein Fräulein, auch dies verdient Tadel! Allein
ich glaube zu seiner Rechtfertigung sagen zu können,
daß er erst durch eine herbe Selbstprüfung zur Erkenntniß seiner Gefühle gekommen ist."

Fräulein Fanny warf ärgerlich den Kopf auf.

„Eine alberne Ausrede — eine unsinnige Ent=
schuldigung —! Ein Mann muß wissen was er
thut."

„Mein Fräulein, Sie haben Recht! Allein ein
Mann weiß oft nicht was er fühlt!" wendete Bri=
sel ein.

„Ein unzeitiger Scherz, Herr Lieutenant!"

„Mein Fräulein — bitterer Ernst! Hunderte
von Menschen verderben sich das Glück ihres Lebens
dadurch, daß sie nicht wissen was Sie fühlen. Exempli
causa — mein Fräulein, wissen Sie denn wohl ganz
genau in diesem Augenblicke, ob Sie Herrn Ewald von
Eschenrode lieben oder hassen?"

Fräulein Fanny schauete den dreisten Frager eine
kurze Weile frappirt und mit düstern Mienen an.
Dann stahl sich ein Lächeln durch das Gewölk ihres
Mienenspieles.

„Sie haben Recht, —" erklärte sie offenherzig und
mit einem so schönen, zutraulichen Blicke, daß dem ta=
pfern Lieutenant ganz warm ums Herz wurde. „Ich
weiß wirklich nicht, was für Gefühle ich hege — es
ist eine einfältige Geschichte, die mich fürchterlich ver=
drießt!"

„Nur verdrießt? Nicht schmerzt, mein Fräulein?
Damit haben Sie schon hinlänglich verrathen, daß Sie

meinen Freund keineswegs lieben!" verſetzte Briſck
bedeutungsvoll.

Fräulein Fanny flammte merkwürdiger Weiſe von
Neuem zornig auf:

„Handeln Sie im Auftrage Ihres Freundes, in=
dem Sie mich über meine eigenen Gefühle aufzuklären
ſuchen?" fuhr ſie ihn voller Entrüſtung an. „Herr
Ewald von Eſchenrode beweiſt wenig Muth —"

„Erlauben Sie mir, daß ich Ihre Beſchuldigung
unterbreche," ſprach Briſck, ſich von ſeinem Sitze er=
hebend. „Herr Ewald von Eſchenrode hat Muth zu
Allem, was gut, edel und groß iſt. Aber er hatte nicht
den Muth, Sie, mein Fräulein, beleidigend zu verlaſſen,
indem er ohne Erklärung aus Ihrem elterlichen Hauſe
ſchied, was ihm jedenfalls frei ſtand, da er ſich nicht
durch ein einziges Wort gebunden hatte. Er hat Ihre
Eltern, er hat Sie ſeiner Achtung und Verehrung wür=
dig befunden und wünſcht keineswegs in eine feindſelige
Stellung zu Ihnen zu treten, was geſchehen ſein würde,
wenn er rückſichtslos die angeknüpften Verhältniſſe zer=
riſſen hätte. Ewald von Eſchenrode und ich ſind Freunde
im ſchönſten Sinne des Wortes — wir ſind Brüder
durch unſere unbedingte Hingebung, und er trug kein
Bedenken mir ſein Inneres aufzuſchließen, als ich geſtern
ankam. Ich beſchloß ſogleich, daß es meine Aufgabe ſein

sollte, die Verbindungen hier so zu lösen, daß es ohne
Blut und Leichen abginge. Mein Fräulein — meine
ganze diplomatische Befähigung liegt in einer erstaunens=
werthen Hinneigung zur Offenherzigkeit — ich pflege
den Knoten zu durchhauen, der langsam und schwierig
zu lösen ist. Ich muß mich Ihrem Tadel unterwerfen,
wenn Sie finden, daß ich plump eine zarte Angelegen=
heit zur Sprache gebracht habe, allein ich h i e l t Offen=
herzigkeit ohne Einschränkung hier für zweckmäßig —
ich h a l t e noch jetzt die Behandlung eines verwirrt ge=
wordenen Verhältnisses so für zweckmäßig, und werde
bis an mein Lebensende die Lösung drückender Bande
durch Freimuth für zweckmäßig h a l t e n. Ich habe bei
dieser Unterhaltung mein Ziel scharf in's Auge gefaßt
und tapfer losgefeuert, als ich in Ihnen ein kerngesun=
des, deutschgesinntes Mädchen, und nicht eine rache=
sprühende und rachebegierige italienische Natur erkannte.
Mein Fräulein, ich weiß, daß ich jetzt hier überflüssig
sein werde, deßhalb beurlaube ich mich auf einige Stun=
den. Werfen Sie Ihren Zorn auf mich, der ihn verdient,
aber nicht auf meinen Freund, der von dieser Unter=
redung nichts ahnet."

Er nahm die Hand Fanny's und führte sie an seine
Lippen, wo er sie weit länger festhielt als eigentlich die
Convenienz gestattete, und der Ausdruck seines Auges

würde das junge Mädchen belehrt haben, daß er weit bewegter war, als er zu zeigen für gut fand, allein Fanny hob ihren gesenkten Blick nicht, und er mußte enblich Anstalt treffen zu verschwinden, weil kein Widerspruch gegen seine Behauptung erhoben wurde, „daß er jetzt überflüssig sein werde.“

Er schritt eilfertig hinaus, entfernte sich jedoch nicht eben so eilfertig von der Eingangsthüre, die durch eine Portière verdeckt wurde, um nicht die nun sich entwickelnde Scene noch theilweise erlauschen zu können.

Kaum hatte Brisel den Gartensalon verlassen, so sprang Fanny heftig auf und rief:

„Ich muß zu meinem Papa —! Er muß diesen Skandal beendigen, der seine Tochter in seinem eigenen Hause bloßstellt!“

Elfriede erhob sich eben so rasch wie sie, und faßte sie zitternd in ihre Arme.

„Ruhig, Fanny! Was willst Du beginnen?“ sprach sie athemlos vor innerer Beklemmung.

„Mein Vater soll mit Eschenroden sprechen!“ eiferte das junge Mädchen.

„Das heißt „mit ihm brechen,“ meine Fanny, und Dich dadurch mit Eschenrode zugleich brandmarken,“ fiel Elfriede ein. „Nimm Dich zusammen — laß Dich nicht von Deiner ganz natürlichen Empfindlichkeit hinreißen zu Schritten, die durch nichts wieder verlöscht werden können. Laß Deine Seele erst wieder urtheils= fähig werden, bevor Du ein Wort über Deine Lippen bringst, das, wie eine Schneeflocke, die bergab rollt, zur Alles überschüttenden Lawine wird."

Ihre Stimme erstarb in einem krampfhaften Auf= schluchzen.

Fanny wendete sich zu ihr.

„Du weinst, Elfriede — Du weinst?" sagte sie weich, und küßte der Freundin bebende Lippen. „Du weinst um mich? O sei ruhig, ich mache mir ja nichts d'raus, daß mich Eschenrode nicht liebt — sei ruhig!"

Es trat eine Pause ein, die unter der Einwirkung einer beruhigenden Sympathie verfloß.

Endlich ermannte sich Fräulein von Jarrowitz und fragte sehr leise:

„Du liebst ihn nicht, Fanny — prüfe Dich wohl — Du liebst ihn wirklich nicht?"

„Nein, Friedchen, nein!" betheuerte Fanny, und man hörte ihrer Stimme an, daß der alte Leichtsinn schon wieder bei ihr eingekehrt war. „Auf Ehre — ich liebe ihn nicht, aber ich möchte ihn durch irgend etwas recht tüchtig kränken! Sinne etwas aus, Friedchen."

„Kränke ihn nicht, sondern bedanke Dich bei ihm für den Beweis seiner wahren Achtung, die er dadurch an den Tag legt, daß er Dich nicht, wie hundert andere Männer es gethan haben würden, als eine Nebenbedingung zu Deiner reichen Mitgift betrachtete."

Fanny sah ihre Freundin groß an. Von diesem Gesichtspunkte hatte sie die „einfältige Geschichte" noch nicht betrachtet. Freilich — die Mitgift entging ihm ja! —

„Er muß mich sehr häßlich finden, muß mich sehr niedrig anschlagen," entgegnete sie mit wiedererwachender Bitterkeit, „daß selbst mein Geld ihn nicht hat bestimmen können!"

„Nein, Fanny, er hält Dich mit Deinen Vorzügen eines freien Männerherzens werth," rief Elfriede warm und mit leuchtenden Augen. „Er kann den Gedanken nicht ertragen, daß Du seinem Andenken grollst! Er hält Dich hoch genug, um Deiner selbst willen geliebt zu werden!"

Fanny sah sie treuherzig traurig an.

„Wer wird mich aber meiner selbst wegen lieben, Elfriede?" fragte sie gedrückt.

„O, ich weiß schon Einen, Fanny, und er ist ein Mann, um den man Dich beneiden könnte, wenn man nicht — . . . ."

Sie hielt inne in ihrer feurigen Erwiederung und küßte Fanny auf die heißgeröthete Wange.

„Was soll ich aber thun?" fragte diese, ohne auf die unterbrochene Rede absonderlich zu achten.

„Schweigen wie das Grab!" erklärte Elfriede sehr bestimmt. „Jedes Wort über zerstörte Erwartungen profanirt unser Gefühl. Niemand würde Dir glauben, wenn Du behauptetest, „es sei Dir gleichgültig von Eschenrode nicht geliebt zu werden."

„Schweigen? Auch gegen Papa und Mama?" fragte Fanny in höchster Verwunderung.

„Auch gegen diese," entgegnete Elfriede. „Unsere Herzenserfahrungen gehören uns als unantastbares Eigenthum, worauf kein Mensch einen Anspruch hat, und es liegt schon in der Natur der Sache, daß wir das, was uns heilig ist und was die Menge bespöttelt, tief in uns verschließen. Der Lieutenant Brisek hat ganz richtig den Weg eingeschlagen, den er wählen mußte, indem er Dich, ohne Beschönigung, eher mit dem Resultate einer eingegangenen Geschäftsverbindung bekannt machte, als Deinen Vater. Er wollte Dir dadurch den Schlüssel zur friedlichen Lösung in die Hände spielen. Jetzt ist es an Dir Deine Gleichgültigkeit für Eschenrode sichtbar werden zu lassen. Er wird Dir das Spiel erleichtern, und die Sache gleitet spurlos in's Weltmeer, höchstens von einigen zudringlich Neugierigen beachtet, während Erörterungen, und seien sie im geheimsten

Gemache bei verschlossenen Thüren und Fenstern vor-
genommen, auf einem Lufthauche fortgetragen werden
und als öffentliche Geheimnisse glänzen. Die klügste
Manier in allen Conflicten des Lebens ist „eine Sache
tobtschweigen!"

Fanny hatte sehr aufmerksam zugehört. Ihr
Mienenspiel zeigte, daß sie ihrer weisheitsvollen Freundin Recht gab. Sie entging beschämenden Geständ-
nissen, wenn sie schwieg und sie entging den unerträg-
lichen Betheuerungen von ungestörter Herzensruhe, wenn
sie ihre Erfahrungen Niemandem mittheilte. Hatte sie
nicht in Elfriede eine treue Vertraute?

Sie beschloß sich die Bewunderung des Herrn
Lieutenant Brisek zu verdienen. Sie beschloß „zu schweigen" und schlimmsten Falles einen kleinen vorüberge-
henden Zornausbruch ihres Papa zu ertragen, wenn
die Schuld an der Zerstörung seines Lieblingsprojektes
sich auf sie wälzen sollte. Wie schwer ihr dies Schweigen aber im Voraus erschien, das verrieth sich in der
Hast, womit sie Elfriedens Vorschlag entgegen kam,
„mit ihr zu ihren Eltern zu reisen."

Achtes Capitel.

Während oben im Gartensalon die überraschenden Angriffe auf Mädchenvorurtheile mit bewunderungswürdigem Eifer von dem tapferen Lieutenant gewagt worden waren, hatte sich der Baron Ewald in sein Zimmer zurückgezogen und überlegte besonnen die Schritte, die er zu thun beabsichtigte.

Er hatte keine Ahnung von den gefährlichen Operationen, worin sich sein Freund verstrickte, und er war erstaunt, als er diesen nach ganz kurzer Frist freudestrahlend in sein Zimmer treten und dasselbe vorsichtig verriegeln sah.

„Triumph — der Sieg ist unser!" schrie er ihm mit gedämpfter Stimme in's Ohr, „Victoria — das Feld ist erobert! Höre, mein Pylades! Ich habe beiden

Fräulein klar zu machen gesucht, daß Du Fräulein Fanny nicht liebst —."

„Beiden? Warum beiden Fräuleins?" fragte Ewald, sichtbar unangenehm berührt.

„Still! Still! Ich habe ihnen erörtert, daß man oft nicht wüßte, was man fühlt."

„Aber, Richard —!"

„Ich habe ihnen anschaulich dargethan, daß „irren menschlich ist."

„Aber, mein Gott, wozu Beiden?"

„Ich habe es in ihre Hände gelegt, die Fäden ihres Schicksales selbst zu ergreifen, um sich und Dich aus diesem Labyrinthe zu leiten. Und — Ewald — meine Operationen haben sich als practisch bewährt!"

„Das wollen wir doch erst abwarten," warf Eschenrode verstimmt ein.

„Bewahre, mein Pylades! Es ist Alles im besten Gange! Fräulein Elfriede von Harrowitz weiß jetzt was sie wissen mußte, ohne daß Fräulein Fanny Adam errathen hat, welche tief eingreifende Rolle ihre Freundin bei ihrem Glückswechsel spielt, und das liebe, süße, leichtsinnige Adamskind steht damit unter der strengen Obhut ihrer besonnenen, weisen Freundin, die sie von allen Uebereilungen zurückhalten wird, um ihres eigenen zukünftigen Glückes wegen. Kurzum — die beiden Damen sind unsere Alliirten geworden, ganz bereit die Kräfte der Großmächte, worunter ich die elterlichen Acten=majestäten verstehe, zu unterminiren."

„Noch verstehe ich Dein Werk nicht zu schätzen," erwiederte Ewald, „allein ich bin gewohnt Dich mit Deiner Gemüthsruhe als mein Vorbild zu betrachten, und will Dich deßhalb nicht tadeln, obwohl ich Deine Machinationen durchaus nicht begreife."

„Das thut auch nichts, wenn nur Fräulein von Harrowitz mich begreift und mich bewundert," rief Brisek sehr heiter. „Die kleine Adamitin wird sich aber für heute meine ganz besondere Anbetung und Vergötterung gefallen lassen müssen. Ihre Laune darf dem Herrn Papa nicht auffallen — ich habe erforscht, daß Fräulein Elfriede den Frauenstolz dieses ungeschulten Kinderherzens zu wecken suchte, und dieser würdige Stolz soll uns die Uebergangsbrücke bauen."

„Willst Du damit sagen, daß Fräulein Fanny mir einen Korb flechten soll?" fragte der junge Edelmann stolz und ruhig.

„Nein, mein Pylades! Das Geschäft des Korb=flechtens soll überhaupt vermieden werden. Meine Ab=sicht ging dahin, Fanny's leichtes Wohlwollen für Dich im Keime zu ersticken und eine ausreichende Gleichgültig=keit in ihr zu erwecken. Das ist mit einer kleinen Durch=

gangsperiode von Aerger glücklich gelungen, und wenn die holde Adamitin den Lehren ihrer klugen Freundin folgt, so wird der speculative Vater mit Erstaunen wahrnehmen, daß die Attraction Eurer Herzen nicht ausreichte, um Geld und Abel zu vermälen."

„Ich übergehe also bis auf Weiteres das Scheitern unserer gegenseitigen Speculation mit Stillschweigen?" fragte Ewald mit Kopfschütteln nachgebend.

„Du schweigst, mein Pylades!" versetzte Brisek mit dem Pathos des Muthwillens. „Die klügste Manier in allen Conflicten des Lebens ist: eine Sache todtschweigen, belehrte so eben Fräulein von Harrowitz das zornsprühende, liebe, süße Adamskind und ich wende ihren vortrefflichen Lehrsatz an, um Dich vor dem fürchterlichen Krieg mit Sr. Majestät dem Actienkönig zu schützen. Wir reisen am Abend zusammen ab. Du lässest gleichmüthig durchblicken, daß Deine Freierei zu Ende sein möchte, darauf wird Fräulein Fanny nach den „von Harrowitz'schen Recepten" schon ihre eigene Meinung kundgeben und wenn Du dann in zwei bis drei Tagen wieder eintriffst, um Anstalten zu machen ohne Eclat spurlos zu verschwinden, so wird Dir nichts im Wege sein. Ich vermuthe, daß Fräulein Elfriede das hübsche Adamskind ans Recompense mit sich in die Regionen ihres großherzog-

6*

lichen Lebens entführen wird, um das Trappiftengelübbe
beffer beauffichtigen zu können, das fie klugerweife den
Lippen Fannys angehängt hat."

„Richard — ich fühle, daß ich eines Tages Dein
dankbarer Schuldner fein werde," fprach jetzt, die vor=
theilhaft angebahnte Löfung aller Wirrniffe erkennend,
der junge Edelmann. „Ich fchweige — ja, ich fchweige!
Möge der Himmel mich fegnen, damit ich dann das
Verftummen meines Mundes gegen Elfriede löfen kann,
wenn Fanny Adam als glückliche Gattin kaltblütig auf
unfere vereitelten Pläne blicken kann. Bis dahin fchweige
ich, mein Freund!"

Der Tag verging weit beffer als man zu hoffen
berechtigt war.

Brifek war befliffen dem hübfchen Mädchen die
kleine Demüthigung vollftändig vergeffen zu machen und
nebenbei dem Elternpaare deffelben mit exemplarifcher
Laune die Augen über die wahrhafte Liebenswürdigkeit
eines königlich preußifchen Artillerielieutenants zu öff=
nen. Es gelang ihm Alles vortrefflich.

Herr Ewald von Efchenrode fank unter feinen Be=
mühungen im Preife. Er trat gefliffentlich in den Hin=
tergrund und die bethörten Eltern glaubten ihn werth=
lofer, weil er fo erfcheinen wollte.

Elfriede unterftützte Brifeks Bemühungen. Durch

die offenen Darlegungen des jungen Kriegers von er=
drückenden Gefühlen befreit, erblühete ihre eigenthüm=
liche, bezaubernde, sanfte Heiterkeit im schönsten Glanze
und durchleuchtete mit dem frischen Geistesregen die
schwere Atmosphäre, die bisweilen über die Gemüther
schlich.

Gegen Abend rüsteten sich die Freunde zur Ab=
reise. Herrn Adams Gesichtszüge spannten sich und
sein Blick musterte scharf die gleichgiltigen Mienen sei=
ner Tochter uud ihres Bewerbers. Der sorglose Ton
des letztern entwaffnete und der heitere Ausdruck in
Fanny's Augen beruhigte ihn. Er schlug vor, die Her=
ren zum Bahnhofe zu begleiten, was von den Da=
men wegen der drückenden Hitze bestimmt verwei=
gert wurde. Herr Adam aber erklärte mitgehen zu
wollen.

Die Zeit drängte. Brisek eilte auf sein Zimmer,
um den Reisesack zu ordnen. Herr Adam ging seinen
Hut zu holen. Der Zufall vermittelte, daß Fanny sich
ebenfalls entfernte und daß Madame Adam abgerufen
wurde.

Elfriede und Eschenrode blieben allein.

Das junge Mädchen stand in der Nähe des offe=
nen Balkonfensters. Ihr Blick hing an der lichtrothen
Färbung des Abendhimmels, der umschleiert von den

Nebelwolken, nur durch diesen gluthgefärbten Schim=
mer den Abschied der Sonne verrieth. Sie stand schwei=
gend und als Ewald in rascher ungeahnter Wendung
ihr näher trat, da hob sie das Auge zu ihm auf. Mit
zärtlichem Ernst ruhete ihr Blick auf ihm. Sie hatten
Beide die feste Absicht gehabt, zu schweigen und zu schei=
den, aber die Gunst des Zufalles überwältigte ihre herr=
lichen Vorsätze. Der süße betäubende Duft der Heliotro=
pen, Reseda und Nelken durchzog die Abendluft und
leichte Lüftchen führten den Wohlgeruch hinauf zum
Balkon, wo er wie märchenhafter Zauber die jungen
Seelen durchfluthete.

Einige Momente überwallte unsägliche Verwirrung
die sonst so formenfesten Leutchen und raubte ihnen die
nöthige Fassung, dann aber trat Elfriede hastig, zitternd,
von der Gluth innerer Aufregung übergossen, auf Eschen=
rode zu und sagte:

„Ich bin Ihnen eine Abbitte schuldig, Herr von
Eschenrode, ich leiste sie hiermit und genüge damit mei=
nem Herzen, dem dies Pflicht war. Vergeben Sie mir,
was ich gegen Sie verbrach — ich sündigte im Irr=
thume!“

Ewald ergriff ihre dargebotene Rechte, führte sie
an seine Lippen und behielt sie fest in seiner Hand. Seine
Bewegung verhinderte ihn an einer Antwort. Eine Pause,

unter der reinsten irdischen Seligkeit verflossen, reichte
hin das Band unauflöslich zu machen, das unbewußt
ihre Seelen längst vereinigte.

„Elfriede — Sie haben mich mir selbst wieder
gegeben —," begann endlich sehr leise der junge Edelmann, „der Weg, welchen ich betreten hatte, würde mit
Selbsterniedrigung geendet haben!"

Das Fräulein lächelte ihn innig an. Ganz unwill-
kürlich legte sie ihre andere Hand auch in seine Rechte
und neigte, erröthend, die Stirn ein klein wenig. Es
schien als zöge eine unsichtbare Fessel sie einander näher,
als wolle die Seele der Seele im süßen Kusse sich zu
eigen geben.

Aber sie ermannten sich. Elfriede zog die Hände
zurück — Ewald verbeugte sich ehrfurchtsvoll und verließ langsam den Gartensalon.

Gleich darauf trat Herr Adam wieder ein und
ihm folgte Brifet mit schmeichelhafter Aufmerksamkeit
Madame Adam überhäufend, die er am Arme einführte.
Der kleine Familienkreis schloß sich noch ein Mal, um
den Thee einzunehmen, wobei Madame Adam mit aller
nur möglichen Eleganz präsidirte. Eine weiche sanfte
Stimmung beherrschte Alle. Als wüßte man, daß sich
die Ringe des Verbandes, der wochenlang eine gewisse
Spannung und Lebendigkeit erhalten hatte, nun lösen

würden, als fürchte man eine Annehmlichkeit des Lebens aufgeben zu müssen, so mild und leise verkehrte man miteinander. Selbst Herr Adam, der Lust hatte, tüchtig verdrießlich zu sein, wurde von dieser Stimmung be= sänftigt und verwandelte seinen Verdruß in stilles Be= dauern.

So schieden sie endlich, fremd und höflich von außen — innerlich mannigfach bewegt. Ewald versprach in drei Tagen zurück zu sein, um dann direct noch sei= nem Besitzthume Eschenrode abzugehen. Herr Adam schien den Sturz seiner Hoffnungen schon zu begreifen, aber er verrieth nichts davon. Er begleitete die Freunde bis zum Bahnhofe und zog es vor, an diesem Abende nicht in sein Haus zurückzukehren.

Dadurch vertagte er jedoch nur seine Erfahrungen um einige Stunden.

Schon am nächsten Tage erklärte Fräulein von Harrowitz, daß sie nach einem speciellen Befehle ihres Vaters zu Hause erwartet werde. Herr Adam runzelte seine Stirn und bat, „nur noch einige Tage zu ver= weilen."

Das Fräulein bezog sich auf die väterlichen Be= fehle und blieb fest bei ihrem Vorsatze. Wer malt das Erstaunen des großen Speculanten, den seine Zeit= genossen als Actienkönig bezeichneten, als plötzlich seine

Tochter Fanny lebhaft die Bitte aussprach, ihre Freundin begleiten zu dürfen.

Mit großen verwunderten Augen schaute Herr Adam sie an.

„Was würde Herr von Eschenrode sagen, wenn er Dich nicht zu Haus fände?" fragte er vorwurfsvoll.

„Papa — eben Eschenrodens wegen möchte ich mit Elfriede reisen," entgegnete Fanny mit liebenswürdigem Freimuthe. „Ich passe nicht für Eschenrode — zwischen uns waltet auch nicht der kleinste sympathetische Zug — wenn er mich nicht zu Hause findet, so mag er dies als eine Antwort auf unausgesprochene Fragen nehmen. Damit aber braucht sich das Geschäftsverhältniß zwischen ihm und Dir keineswegs zu lösen, eben so wenig wie unsere freundschaftliche Verbindung, bester Papa. Eschenrode ist ein liebenswürdiger Cavalier — ich läugne das nicht, allein im Grunde meines Herzens regt sich die Ueberzeugung, daß mein Interesse für einen zukünftigen Gatten tiefer sein wird. Ich bin jung, nicht häßlich und nicht arm — wozu sollte ich mich wohl bei der Wahl meines Gatten übereilen!"

Herr Adam hörte sprachlos vor Ueberraschung der Rede Fanny's zu, die sie jedenfalls unter dem Beistande

Elfriedens memorirt hatte und als sie schwieg, antwor=
tete er nichts weiter als:

„Das ist die erste Speculation, die mir mißglückt
ist, mein Kind, allein ich bin weit entfernt, tyrannisch
und despotisch Deine Schritte zu beschränken. Fahre in
Gottes Namen mit Fräulein von Harrowitz. Das Wei=
tere mag sich von selbst gestalten!"

———————

Neuntes Capitel.

Der Sommer hatte sich nach gehöriger Sonnen=
hitze und unvermeidlichen Gewitterstürmen zur Ruhe
begeben und der Herbst neigte sich mit den ersten Tagen
des Decembers seinem Ende zu, als der Artillerie=
lieutenant Brisek eines Morgens von der tröstlichen
Nachricht überrascht wurde, daß sonderbar rasch auf=
einander folgende Todesfälle in seiner Brigade ihm
wider alle Erwartung schon jetzt den Titel Hauptmann
verschafft hätten. Mit zufriedenem Lächeln empfing
Brisek die Ernennung, welche seit Jahren das Ziel
seiner Wünsche gewesen war, und er übersah in der
Freude über das ersehnte Patent den zweiten Brief, den
sein Bursche ebenfalls aus den Händen des Postboten
erhalten und auf den Tisch gelegt hatte.

Seelenvergnügt warf er sich aufs Sopha, um sich

dem Genuſſe einer verſtändigen Luftſchloßbauerei nach neueſtem Style hinzugeben. Seine Einbildungskraft bevölkerte ſich merkwürdigerweiſe bei dieſem eingetretenen Avancement — das ihm zwar noch keine freie Heirat geſtattete, aber dieſelbe doch erleichterte — ſogleich mit einigen Familienbildern, wobei „ſeidene Vorhänge, Cau= ſeuſe mit Sammt, Fauteuil mit Plüſch bezogen, türkiſche Teppiche und practiſche Kronenleuchter" durch ſeine Phantaſie flatterten und ein hübſches aufgebauſchtes Mädchen mit roſenrothen Wangen, vollen weißen Armen und üppigem Wuchſe dazwiſchen gaukelte. Eine ziemliche Weile ergab er ſich faſt unbewußt ſeinen Erinnerungs= malereien und als er endlich daraus erwachte, ſah er ſich ſchamroth nach allen Seiten um, ob auch Niemand ſeine vemeſſenen und thörichten Träumereien hatte belauſchen können.

Schnell ſprang er auf, griff mit etwas trübſeligem Blicke und bedeutungsvollem Kopfſchütteln nochmals nach dem Patente, durchlas es abermals und murmelte dann:

„Ja, wenn es der Hauptmann v o n Briſek wäre —! Und dann? Sechszigtauſend Thaler Mitgift erdrücken meine Phantaſie — fort mit der hübſchen kleinen Ada= mitin aus meinen Träumen! Es taugt mir nichts und es hilft mir nichts! Fort!"

Diese Selbstbefehle kamen nicht aus einem ganz ruhigen Innern, sondern wurden nur von einer gewissen männlichen Spröbigkeit dictirt, die sich sträubt etwas im Herzen als richtig anzuerkennen, was längst unbestreitbare Rechte erlangt hat. Nachdem Brisek im Sommer seinen Freund aus der peinlichen Stellung zum Hause Adam errettet und die Weisheit Elfriedens den weitern Weg zur stillen Auflösung aller Verbindlichkeiten zwischen den speculirenden Herren gebahnt hatte, war Herr Adam in einem Anfluge von Verlegenheit mit erhabener Großmuth dem zurückkehrenden Herrn von Eschenrode entgegengekommen und hatte ihm unverzüglich bedeutende Darlehen zur Disposition gestellt, ohne der frühern Verabredung nur mit einer Sylbe Erwähung zu thun. Eschenrode zeigte sich offen und ehrlich, sehr dankbar für diese Gefälligkeit. Er schied als Freund von denen, die er unter andern Verhältnissen, als den beabsichtigten, mit wahrer Hochachtung zu betrachten geneigt war. Seitdem hatte sich Eschenrode mit Eifer der Regulirung seiner Familienangelegenheiten unterzogen und zwar mit sichtlichen Glücke.

Als Brisek einigermaßen wieder aus seiner Hauptmannsträumerei zum wirklichen Leben zurückkehrte, fiel natürlich sein erster Gedanke auf seinen Pylades und daß er ihm eine schleunige Benachrichtigung seines Avancements schuldig sei.

Er schritt eilig seinem Schreibtische zu und siehe da, dort lag ein Brief von diesem. Jubelnd nahm er ihn zur Hand, riß das Couvert herunter und sprach fröhlich:

„Was schreibt denn der alte Junge? — „Geht prächtig, alles erwünscht — eine höhere Hand scheint oftmals ausgleichend über den schwierigsten Verhältnissen zu ruhen!" Das klingt vortrefflich! Gott sei Lob und Dank dafür!" unterbrach er seine Lectüre. „Was schreibt er weiter? — „Ich habe Elfriede wieder gesehen! Der Zufall führte mich in der vorigen Woche nach Braunschweig und die erste Dame, die mir in der Gegend des Lessingdenkmals entgegen kam, war Fräulein von Harrowitz in Begleitung ihres Vaters. Mein Herz drohte in der freudigen Ueberraschung still zu stehen, allein ich gewann es wirklich über mich, als gutgeschulter Cavalier alle Vesuvausbrüche zu bewältigen. Sie war blühender, schöner und lieblicher als je und ihr Blick, ihr Lächeln und das leise seltsame Beben ihrer Stimme verriethen mir genug, um mich zu beseligen. Natürlich lenkte sich das Gespräch sogleich auf Bohrendorf und Adams. Herr von Harrowitz lobte die Familie und bedauerte nur, daß die Schwäche des Vaters viel-

leicht eines Tages seine gute liebenswürdige Tochter
Fanny in's Unglück stürzen würde. Durch einige Ge-
sprächswendungen erfuhr ich dann, daß mein ehemaliger
Rittmeister, von der Port, jetzt der begünstigte Freier
sei und daß sich Fräulein Fanny, behufs dieses Arran-
gements, in wenigen Tagen nach Deinem Wöhnorte
verfügen würde. Du wirst sie also wahrscheinlich schon
gesehen haben. Grüße sie von mir und suche mein Andenken in ein gutes Licht zu stellen. Daß von der Port
dieses gute Kind erobert hat, ist ein unverdientes Glück.
Er hat wüst gelebt und wird ferner wüst leben — allein,
wie Herr von Harrowitz ganz richtig sagte: „es ist nichts
dagegen zu machen!“ So wie Fanny verheirathet ist,
erkläre ich mich gegen Elfriede und werde ihr die fernere
Ausgleichung unserer Stellung zu Adams überlassen.
Ich bin neugierig auf Deinen nächsten Brief —!“

„Ja, mein Pylades, Du hast Ursache neugierig zu
sein,“ murrte Brisek mit ingrimmigen Blicken. „Was?
Von der Port? Von der Port soll der Gatte des schönen Adamkindes werden — von der Port? Und „dagegen wäre nichts zu machen?“ Das wollen wir doch
versuchen! Also Fanny ist hier — hier in diesen Mauern? Recognosciren wir, wo sie steckt und blockiren wir
ihr Asyl.“

Brisek dachte nicht mehr daran seinem Freunde die

erwünschte Veränderung seiner Charge zu melden, er dachte nur an Fräulein Fanny Adam und an den Ritt= meister von der Port. Sein redliches Herz würde sich immer in christlicher Barmherzigkeit geregt haben, wenn er gehört hätte, daß ein unschuldiges liebes Mädchen den Klauen dieses abgelebten Roués überantwortet werden solle, allein hier war es noch etwas Gewichtigeres, als bloße Barmherzigkeit, was sein Blut rollen, sein Herz klopfen und sein Auge blitzen ließ.

Wenn ein Mann wie der neucreirte Hauptmann Brisek sich ein Ziel gesteckt hat, so steuert er mit conse= quenter Ruhe darauf los ohne sich an gelegentliche Blut= wallungen zu kehren. Noch an demselben Tage brachte er in Erfahrung, daß Fräulein Fanny aus Bohrendorf bei der Majorin von Wettin, einer Cousine des Ritt= meisters von der Port, zum Besuche sei, und daß man sich als ein öffentliches Geheimniß ihre Verlobung mit demselben in die Ohren flüstere.

Diese Nachricht lautete in so fern günstig, weil Brisek zum Major Wettinschen Hause sehr freund= schaftlich stand, er sich also ohne ridicüle Zudringlichkeit erlauben konnte, sogleich daselbst vorzusprechen, um die Bekanntschaft mit Fräulein Adam zu erneuern. Aber auf der andern Seite erschwerte dieser Umstand seine Absicht die junge Dame vor der Verbindung mit Herrn von der

Port zu warnen, weil er von Wettins selbst den Lebens=
wandel desselben erfahren hatte und er durch Anwen=
dung der dort erlangten Kenntniß in eine schiefe Stel=
lung zu seinen Bekannten kam.

Allein, wie gesagt, Hauptmann Brisek commandirte
sich selbst zum Sturmschritt auf diese Affaire los und
ging noch an demselben Abend, mit sehr unschuldigem
Gesichte zu Frau von Wettin, um ihr persönlich sein
Avancement, das sie freilich schon wissen konnte, mitzu=
theilen.

Er fand die Majorin allein und in der besten
Laune. Sie gratulirte ihm fröhlich und gab ihm sogleich
den guten Rath sich nun schleunigst nach einer Braut
umzusehen. Frau von Wettin gehörte zu den seltenen,
sehr glücklichen Frauen, die alle Männer für gut halten
und jede Ehe für zweckmäßig, wo Geld genug vorhanden
ist zum Ganz des Lebens. Sie erklärte die Fehler der
Männer für Eigenthümlichkeiten, die man respectiren
müsse, um Frieden zu halten, und sie befand sich so wohl
bei ihren Maximen, daß sie sorglos jede Heirath begün=
stigt haben würde, die noch weit gewagter war, als eine
Verbindung zwischen ihrem lebenslustigen Vetter Alfred
von der Port und dem reichen Kaufmannstöchterchen
Fanny Adam. —

Kaum waren die ersten Begrüßungen zwischen ihr

Fritze. Die Speculation.　　　　　　　7

und Brifek vorüber, so erzählte sie ihm mit geheimniß=
vollem Lächeln, daß sie Besuch habe, und daß es mit
diesem Besuche eine besondere Bewandtniß habe.

Brifek schlug eine weitere, für ihn bindende Erklä=
rung glücklich ab, forschte gar nicht nach dem Namen
des Besuches, und ließ die sprachlustige Dame weder zu
vertraulichen Mittheilungen, noch zu Darlegungen von
Plänen kommen. Er fragte beiläufig nach dem Major
und wurde darauf belehrt, daß dieser mit seinem schönen
Gaste eine Weihnachtsausstellung besichtige, aber sehr
bald zurückkommen werde.

„Sie bleiben, lieber Brifek, und nehmen den Thee
bei uns ein," bat die Majorin.

Brifek hatte nur auf diese Einladung gewartet,
um es sich sogleich sehr bequem zu machen und der
Ankunft Fanny's mit verstellter Gleichgiltigkeit entgegen
zu leben.

Was er eigentlich beabsichtigte? Er wußte es selbst
nicht. Fanny sehen? Fanny warnen? Fanny bewun=
dern? Fanny —

Er dachte das fürchterlich schöne Wort nicht aus,
denn ein helles frisches Gelächter auf der Treppe ver=
kündete ihre Ankunft.

Sein Herz begann mächtig zu pochen. Er stand
auf und beschäftigte sich sehr jünglingsmäßig mit dem

häßlichen Papagei der Majorin, der jeden in den Fin=
ger biß, der ihn liebevoll streicheln wollte. Die Majorin
merkte nichts und ging arglos ihrem hübschen Gaste
entgegen.

Der Papagei belohnte richtig seine gezwungenen
Aufmerksamkeiten mit einem rechtschaffenen Biß in sei=
nem Daumen und als er sich halb ärgerlich darüber
umwendete, da stand Fräulein Fanny in der herrlichsten
Wintertoilette mitten im Zimmer.

„Mein Gott, Fräulein Adam!" rief Brisek mit
gutgespielter Verwunderung.

„Guten Abend, Herr Lieutenant —," entgegnete
sie heiter und hielt ihm die Hand hin.

„Hauptmann —," corrigirte die Majorin muth=
willig und pathetisch, „Hauptmann Brisek, liebe Fanny
— aber um's Himmels Willen, woher kennt Ihr Euch
denn?"

Fräulein Fanny lächelte schelmisch und vertraulich
zu Brisek hinauf.

„Ach unsere Bekanntschaft begann mit einer fürch=
terlichen Geschichte, nicht wahr?"

Dann sich schnell ganz zu der Majorin wendend,
sagte sie schmollend:

„Denken Sie sich, Mama, Alfred kommt nicht
heute Abend."

7*

Ein Stich ging durch des tapfern Hauptmanns Herz und sein Busen quoll von Theilnahme.

„O weh — sie ist schon verloren — verloren! Armes Kind!" dachte er, nach seiner Meinung ganz ohne Selbstsucht. „Sie nennt ihn schon Alfred! Eine verwünschte Vertraulichkeit!"

„Lassen Sie ihn gehen, Fanny! Die Männer müssen sich frei von und zu uns begeben können. Zwang erkältet sie für unsere Gesellschaft," entgegnete die Majorin.

Fräulein Fanny warf aber, nicht erbaut von dieser Lebensphilosophie, schmollend den Kopf zurück und flüsterte: „Zehn Jahre später hätte ich nichts dagegen."

Brisek sah schnell nach seiner Mütze, die er abgelegt hatte und dachte: „Es ist am Besten, daß ich gehe, — denn Ewald hat Recht, dagegen ist nichts mehr zu machen!" Aber sehr schnell änderte er seine Meinung, als jetzt Fräulein Fanny hastig Hut und Mantel dem eintretenden Diener hinreichte und sich mit herzlicher Traulichkeit dicht neben ihn setzte. Sie fragte nach Ewald von Eschenrode, freute sich, daß es ihm gut ging, erzählte von Elfrieden und schien über dieses Thema den Herrn von der Port gänzlich zu vergessen, bis Brisek endlich selbst wieder auf ihn zurück kam.

Der Schauplatz hatte sich während dieses kurzen,

sehr lebhaften Gespräch8 außerordentlich günstig verän=
dert. Die Majorin war in ihre Kinderstube gewandert
und der Major von einer Ordonnanz abgerufen.

Brisek, immer geneigt seinen Impulsen zu folgen,
faßte schnell entschlossen das Fräulein plötzlich fest in8
Auge und fragte mit tiefem wichtigem Ernste:

„Wie soll ich das Interesse deuten, Fräulein Fanny,
das Sie an der Gesellschaft de8 Herrn von der Port
verriethen — sind Sie mit ihm verlobt?"

„Und wenn ich'8 wäre?" fragte Sie dagegen, er=
röthend vor dem Blicke, der bis in ihr Herz hineindrang.

„Lieben Sie den Herrn von der Port, Fräulein
Fanny?"

„Und wenn ich ihn liebte? Was würden Sie da=
gegen haben?"

„Ich würde Sie bedauern —," flüsterte Brisek
sehr weich und innig. „Ich würde Sie von Herzen
beklagen!"

Fanny schaute verwundert und ärgerlich zugleich
in sein Gesicht. Seine innere Bewegung mochte sich
nicht so deutlich, wie er sie fühlte, in seinem Mienen=
spiele ausprägen, allein etwas drang doch aus den sonst
so charakterfesten Zügen hervor, was sie nachdenkend
machte und ihren Zornausbruch hemmte. Ziemlich ru=

hig, wenn auch mit einer bedeutenden Beimischung von Impertinenz entgegnete sie:

„Sie durchkreuzen meine Wege auf eine wunderbare Weise, mein Herr Hauptmann! Als Eschenrode mich nicht liebte, beeilten Sie sich locomotivartig mich davon in Kenntniß zu setzen. Wozu? Das habe ich bis dahin mit meinem schwachen Verstande noch nicht eingesehen. Jetzt nun, wo mich ein liebenswürdiger Cavalier wirklich liebt — ich weiß dies nämlich schon ganz gewiß, mein Herr Hauptmann — jetzt haben Sie nichts Eiligeres zu thun, als mir die Versicherung zu insinuiren, daß Sie mich bedauern und beklagen. Was bewegt Sie zu diesen Handlungen?"

„Theilnahme!" sprach Brisek mit gepreßter Stimme. Er begann das Mißliche seiner Offenheit zu begreifen und wünschte sich feigherzig weit hinweg von dem Kampfplatze seiner Thaten.

„Theilnahme? Theilnahme für mich? Thörichte Ausrede! Weswegen bedauern und beklagen Sie mich denn bei Port's Liebe?"

„Port's Liebe schadet Ihnen nichts und sie schadet auch ihm nichts, aber im Falle Sie ihn lieb gewonnen hätten, würde ich Sie bedauern!" entgegnete Brisek völlig wieder ruhig und gefaßt, indem er aufstand und nach seiner Kopfbedeckung griff.

„Und weshalb?" fragte das junge Fräulein sehr keck.

„Weil der Rittmeister von der Port Ihrer unwürdig ist!"

„Meiner unwürdig, —" rief Fanny etwas erschrocken. „Wie so?"

„Die Unschuld Ihrer Jugend paßt durchaus nicht zu den Erinnerungen seiner durchlebten Jugend und die Reife seines Mannesalters hat ihn nicht von den elenden Lebenszwecken abwendig gemacht, denen er von früh an gehuldigt hat!"

Fanny stand mit spöttisch verzogener Lippe vor ihm und sah ihn starr an.

„Darf ich ihm das sagen, mein Herr Hauptmann?" fragte sie heftig, als er schwieg und mit einer leichten Verbeugung das Zimmer verlassen wollte.

Brisel stutzte. Wie ein Blitz durchfuhr ihn die Erkenntniß der schweren Folgen, die unabwendbar waren, wenn von der Port von seiner handgreiflichen Warnung Nachricht erhielt. Sein Leben war verwirkt. Eine Forderung auf Pistolen unausbleiblich und der Rittmeister von der Port, ein vollendeter Schütze, hatte den ersten Schuß.

Einen Moment gebrauchte er, um diese Resultate an sich vorüberfliegen zu lassen, dann neigte er sich nochmals vor den jungen Mädchen und antwortete klar und fest:

„Ja, mein Fräulein. Ja, wenn Sie es für nö= thig halten!"

Er verließ das Zimmer, verabschiedete sich unter einem Vorwande von dem Major und bat ihn, sein Weggehen bei seiner Gemahlin zu entschuldigen.

Unter verworrenen Empfindungen eilte er nach Hause.

Mit der verdrießlichen Miene eines Mannes, der seine Maßregeln gescheitert sieht, ohne einmal das Mit= leiden seiner Nebenmenschen dafür in Anspruch neh= men zu können, weil Hohn und Spott näher lagen als Mitgefühl, warf er sich in sein Sopha. Sein Auge blickte finster und die fest zusammengekniffenen Lippen verriethen einen Kampf zwischen Scham und Aerger. Er brauchte eine lange Zeit, um sich selbst aus dem Chaos seiner Gefühle herauszuarbeiten, als ihm dies jedoch gelungen war, da brach sein alter gewohnter Muth wieder siegend hervor.

Er stand auf, ging zu seinem Schreibschrank und holte ein kostbares Pistolenkästchen hervor. Es war das letzte Geburtstaggeschenk seines Freundes Ewald.

Prüfend beschaute er sie von allen Seiten. Es war möglich, daß er sie gebrauchen mußte. Sein Blick

senkte sich ruhig in die runde Oeffnung der Läufe, der
Gedanke an seinen Tod in Folge seiner Warnungen
hatte für ihn nichts Furchtbares, obwohl das Leben in
schöner Heiterkeit vor ihm lag. Es that ihm auch kei=
neswegs leid, das gesprochen zu haben, wozu ein Au=
genblick ihn hingerissen. Als Mann von Ehre mußte
er die Wahrheit seiner Behauptung aufrecht halten und
schlimmsten Falles mit seinem Blute besiegeln. Was
war da zu machen!

Nach solchen einleuchtenden Ehrengesetzen blieb
ihm nichts übrig als sich auf seinen Tod zu präpariren.
Das that er denn sogleich auf eine würdige und höchst
mannhafte Weise.

Er setzte das Pistolenetui auf den Tisch und stellte
sich ernsthaft vor den erleuchteten Spiegel, aus welchem
ihm sein eigenes Bild ebenso ernsthaft entgegenschaute.
Er sah fest in seine Augen hinein und redete sich selbst
mit heller Stimme an:

„Richard Brisek, bereite Dich zum Tode vor und
lege Dir selbst aufrichtig Beichte ab, damit Du Dich
absolviren oder Dir Dein Verdammungsurtheil spre=
chen kannst. Ueberlege in Ruhe einmal den Antrieb
Deiner Handlungen und stelle die wichtigen Folgen
daneben. Richard Brisek hast Du Dich nicht vom
Zeitgeiste packen lassen, der Dir ein Leben in spielend

erobertem Reichthume als ein Götterleben vormalte?
Hast Du nicht in lächerlicher Träumerei das Mäd=
chen, das des Lebens Ueberfluß in Deinen Schooß
streuen konnte, als Dein gedacht und in thörichter Ein=
bildung an eine Möglichkeit geglaubt, ihre Hand zu er=
ringen? Ja, Richard Brisek — ja, das hast Du!
Schäme Dich auf solchen Pfaden gewandelt zu sein!
Wie? — Richard Brisek — mir, Auge in Auge, willst
Du weiß machen, daß Du auch einem armen Mädchen,
wenn Du es geschätzt hättest, wie Fräulein Fanny
Adam, diesen Dienst geleistet haben würdest? Wie?
Willst Du mir etwas vorlügen, daß Du diese Fanny
auch ohne ihr Geld lieben könntest? Wie, Du willst
behaupten, daß nicht der Zeitgeist, der die Geldsäcke
lieber hat, als die Frau, Dich zu dem hübschen Mäd=
chen zieht, daß ihr fröhlicher Sinn Dich gefangen ge=
nommen, daß ihr rosiges Gesicht, ihre schönen vollen
Schultern, daß ihre reizenden weißen Arme und Hände,
daß ihr reiches Haar Dich bezaubert hat? Wie —
Richard Brisek, Du gestehst mir zu sie zu lieben, ganz
so zu lieben, wie man seine Erwählte fürs Erdenleben
lieben muß? Armer Richard Brisek —! Wie konn=
test Du so dumm sein, da Du wußtest, welche Bedin=
gung sich an das Geschenk dieser mit sechszigtausend
Thalern bewaffneten Hand der reizvollen Abamitin

knüpft. Geh fort, Richard Brisek! Dieser Schwaben=
streich macht Dich unwürdig mir, Deinem eblern Ich,
ferner in's Auge zu sehen! Rechts um schwenkt —"

Brisek commandirte sich wieder in's Sopha zurück
und von da, nach sehr langen hübschen Träumereien,
die mit der Frage des Fräulein Abam endigten:
„Darf ich ihm das sagen?" an den Schreibtisch, wo=
selbst er seinem Freunde Eschenrobe einen launigen
Brief über seine Ernennung als Hauptmann schrieb,
aber von den bevorstehenden Möglichkeiten nicht ein
Wort erwähnte. Nachdem er das Werk vollbracht,
legte er sich seelenruhig ins Bett und schlief ohne Beun=
ruhigung bis zum Morgen, wo er sich bereit hielt eine
Herausforderung seines glücklichen Nebenbuhlers mit
Anstand entgegen zu nehmen. Aber Stunde an Stunde
verstrich. Es erschien kein Cartelträger. Der Abend
kam heran. Geflissentlich hatte Brisek sein Quartier
nicht eine Minute verlassen, um den Abgeordneten des
Rittmeister von der Port nicht zu verfehlen. Die Nacht
deckte abermals ihre dunkeln Schleier über die Erde
und es brach wiederum ein Morgen an.

Brisek wurde ungedulbig. Er beschloß mindestens
sich nicht länger einzusperren. Eben legte er die Uniform
an, als es klopfte.

„Herein!" rief Brifek, und ftellte fich friegerifch
kühn mitten in die Stube.

Der Major von Wettin erfchien auf der Schwelle.

„Ah —! Endlich!" rief Brifek ihm entgegen.
„Endlich —! Ihr habt Euch lange befonnen, oder ift's
erft geftern zu Tage gekommen? Ich bin bereit zu jeder
Satisfaction, mein lieber Freund Major, muß aber be=
dauern, daß ich noch mit dem letzten Athemzuge wieder=
holen werde, was meine Ueberzeugung ift. —"

Der Major fah, auf der Schwelle ftehen bleibend,
den Hauptmann groß an.

„Brifek — es rappelt wohl bei Ihnen!" erwiederte
er ganz gemüthlich. „Ich habe keine Zeit zu ihren meta=
phyfifchen Darftellungen, und wollte Ihnen bloß auf aus=
drücklichen Wunfch unferes liebenswürdigen Gaftes, des
Fräuleins Adam, mittheilen, daß diefelbe um zwölf Uhr
mit dem Courrierzuge abreift, und Sie fragen läßt,
ob Sie Beftellungen an Fräulein Elfriede zu machen
hätten.

Brifek fperrte die Augen weit auf und fchärfte feine
Ohren. Der Major fuhr fort:

„Die junge Dame hat geftern dem Vetter Alfred
von der Port einen handfeften Korb geflochten, worin
fie ihm mittheilte, daß fie vor der Hand noch nicht Wil=
lens fei „wegen einer L'hombrepartie bei der obiöfen

Frau von Mahlmann hintenangeſetzt zu werden und deßhalb ſeine Bewerbungen ein für alle Mal abweiſe." Das Fräulein hat Recht! Alfred iſt unverbeſſerlich leichtſinnig und ſeine Verhältniſſe entſetzlich derangirt. Fräulein Fanny fragte mich auf's Gewiſſen darnach, und ich habe ihr klaren Wein eingeſchenkt. Es wäre Schade um das liebenswürdige Mädchen geweſen. Nun, Sie ſind ja ganz ſtumm und ſehen aus, als ärgere Sie etwas? Haben Sie Aufträge für Fräulein Fanny, ſo eilen Sie, daß Sie zu uns kommen. Es iſt eilf Uhr — ich muß fort, Briſek. Der Dienſt nimmt mich in Anſpruch — Sie könnten mir den Gefallen erweiſen und Fräulein Fanny zur Eiſenbahn begleiten, meine Frau erwartet Sie. Adieu!"

Wie im Traume befangen ſtarrte Briſek dem Fort= eilenden nach. Welch' ein Wechſel der Verhältniſſe! Es erhöhte den Werth Fanny's bedeutend in ſeinen Augen, daß ſie ſo energiſch von ſeinen Warnungen ab= ſtrahirt und ſich durch eigene Wahrnehmungen von der Unwürdigkeit ihres Bewerbers überzeugt hatte. Er mußte noch zu ihr. Sein Herz erwachte ſtärker nach der Feſſel, die er barbariſch darüber geworfen hatte. Nicht, daß er mit Hoffnungen zu ihr eilte, aber mit Freude über ihr kluges Schweigen, welches ſie mit Rück= ſicht auf ihn beobachtet hatte.

Der Einfluß der Unterdrückung hebt und fördert die Gefühle immer. Mit fliegenden Schritten erreichte Brifek die Wohnung des Majors. Am Fenster stand Fanny und sah ihm entgegen.

Ja, wenn es uns möglich wäre, nun den Verlauf der folgenden Scenen recht anschaulich zu malen! Aber wir geben es von vorn herein auf, weil es ganz gewiß von unsern Lesern als eine „Ueberstürzung" betrachtet werden würde, die sich kaum vor den Gesetzen der Schicklichkeit verantworten ließe und die noch dazu an die Grenzen der Unwahrscheinlichkeit streifte.

Genug, es währte keine zwei Minuten, so hielt der freudenberauschte Richard Brifek eine fröhliche Braut in seinen Armen, und küßte mit Entzücken die rothen Lippen Fanny's, die sie ihm willig und gerne darreichte. Wie das gekommen war? Sie wußten es alle Beide nicht und wir wollen es auch nicht weiter erörtern.

Ihre gegenseitigen Erklärungen reducirten sich darauf, daß sie Beide seit beinahe achtundvierzig Stunden an nichts Anderes gedacht hätten, als daß es das höchste Glück sein würde, einander angehören zu können. Nun, dazu war wohl die beste Aussicht und daran beruhigten sich endlich ihre Gemüther.

Nachdem sie in glückseligem Leichtsinne einige Dutzend Küsse ausgetauscht und sich von ihrer gegenseitigen

Zärtlichkeit hinreichend überzeugt hatten, trat die Wirk= lichkeit wieder in ihre Rechte und entriß den Lippen des Hauptmanns den Ausruf:

„Aber, mein süßes Mädchen — Dein Vater!"

„Still — still!" flüsterte Fanny sehr eilig von ihm wegtretend und ihren kunstvoll gewundenen Scheitel mit beiden Händen glatt streichend, was unter uns gesagt, sehr nöthig war.

„Still, das findet sich — aber für jetzt nur eine weit nothwendigere Verabredung. Die Majorin macht Toilette. Sie wird gleich fertig sein. Vor allen Dingen darf hier im Hause Niemand ahnen, daß mein Korb an Herrn von der Port mit Dir, Du böser Mensch, in Ver= bindung steht.

„Wir müssen unser Bündniß, das „auf Ehre" einer Uebereilung sehr gleich sieht, noch eine Zeit lang geheim halten —"

„Aber Ewald, meine Lieb' — Ewald darf es doch wissen?" fiel Brisek bittend ein.

Fräulein Fanny verneinte dieß. Brisek ver= suchte sie zu überreden. Sie schüttelte beharrlich den Kopf.

„Ewald am wenigsten," sprach sie bestimmt. „Was sollte der von mir denken! Nein, es erfährt Niemand etwas von meiner Verlobung mit Dir, als meine Her=

zensfreundin Elfriede, die ich auf meiner Rückreise be=
suchen werde!"

Brisek lachte. Sein Hang zur Offenherzigkeit
spielte ihm den Streich, daß er eine Andeutung sehr
verdächtiger Natur fallen ließ, die im Stande gewesen
wäre, bei einem weniger seelenvollen, gutmüthigen Mäd=
chen eine kleine Bitterkeit gegen die liebste Freundin an=
zusetzen.

Fanny begrüßte das Licht der wahren Erkenntniß
allerdings zuerst mit einem glühenden Erröthen und
einem Blicke, der nicht frei von bitterer Empfindlichkeit
war, allein ihr Gefühl wechselte schnell und der Schat=
ten wich sogleich von ihrer klaren Stirne, als sie
fragte:

„Elfriede —? Elfriede und Ewald? Sind Beide
einig? Haben Sie sich schon in unserem Hause er=
klärt?"

Brisek verneinte es eifrig und stellte jedes Ver=
hältniß zwischen ihnen bestimmt in Abrede. Er gab
aber zu, daß sein Scharfsinn ihn gewiß nicht auf Ab=
wege geführt habe, als er das Interesse beiderseitig er=
klärte.

Jetzt lachte das junge Mädchen fröhlich auf.

„Habe ich's meinem Papa nicht gleich gesagt —
habe ich's nicht im innersten Herzen gefühlt, daß ich

neben Elfrieden in den Augen eines Edelmannes rein=
sten Wassers total verschwinden müsse! Aber „auf Ehre"
mein tapferer Hauptmann, ich bin zufrieden mit dem
Tausche."

Ein heißer Kuß belohnte ihr Geständniß.

„Was wird jedoch Dein Papa dazu sagen?" fragte
der tapfere Hauptmann sehr kleinlaut, als Fanny ge=
schwind wieder aus seinen Armen schlüpfte.

„Papa hat noch zwei Töchter," entschied das Mäd=
chen.

„Er mag seine Speculationen mit denen ver=
suchen."

„Ja, mein Lieb — wir wollen ihm hilfreich die
Hand dazu geben!" rief Brisek freudig. von dieser Re=
solution berührt.

„Laß ihn sein Geld denen geben —"

„O — nein!" fiel Fanny ein. „Wir können unser
Geld auch brauchen."

„Meine Verhältnisse sind Gottlob geordnet," fuhr
Brisek fort.

„Was ich als Officier in vorgerückter Charge noch
gesetzlich aufweisen muß, das besitze ich aus dem Nach=
lasse meiner Eltern."

„Ist mir ganz egal, Freund meiner Seele —,"
beharrte das Fräulein. „Papa hat mir sechzigtausend

Thaler Mitgift ausgesetzt, und die soll er mir bei Heller und Pfennig ausliefern. Was thut's, ob Du von Adel bist oder nicht — das Geld kann ich immer verlangen!"

Die Majorin trat ein. Sie fand ihre jungen Freunde höchst ehrbar in einiger Entfernung von einander sitzen und nur das Schelmenlächeln Fanny's würde sie über das Ereigniß haben belehren können, wenn sie sonst darauf geachtet hätte.

Schluß=Kapitel.

Mit rachebrütenden Plänen im fröhlichen Herzen langte Fräulein Fanny Adam bei ihrer Freundin an, die sie an der Schwelle ihrer Hausthür mit Erstaunen betrachtete und begrüßte. Sie kam ihr unerwartet. Ein merkliches Herzpochen legte diesem unerwarteten Besuche sogleich einen besonderen Grund unter, und als sie erst dieß glückstrahlende Lächeln auf dem reizenden Gesichte Fanny's und ihr geistig verklärtes Auge sah, da machte sie sich auf sonderbare Nachrichten gefaßt.

Sie sollte nicht lange darauf warten. Kaum sah sich Fanny mit ihr allein, so begann sie in der Zweideutigkeit eines hervorbrechenden Muthwillens:

„Hast Du meinen Brief erhalten, Frieda?"

„Den mit der Nachricht von dem ausgetheilten Korbe an den Rittmeister von der Port?"

8*

„Ja, ja! Und ich bin dennoch Braut —," froh=
lockte das schelmische Mädchen.

„Vom Rittmeister?" fragte Elfriede mißbilligend.

„Nein, o nein! Zufälliges Zusammentreffen —
aufgeklärte Mißverhältnisse —"

Elfriedens Herz durchzog ein Bangen ohne Glei=
chen.

„Schneller Entschluß — zärtliche Hingebung,"
fuhr Fanny fort, trotzdem eine fahle Blässe das Gesicht
ihrer Freundin entstellte und ihre Hand bebend nach
einer Stütze suchte. „Genug — wir löschten alle Er=
klärungen und Beleidigungen der Vergangenheit mit
unsern herzinnigen Küssen —! Rathe, rathe, wer mein
Bräutigam ist!"

Elfriede stemmte ihre Hand fest auf den Tisch,
neben dem sie stand. Der Name, der in ihrem Innern
längst verklungen war, wollte nicht von ihren Lippen.
Sie widerstrebten, das Unglück ihres Lebens zu ver=
künden. In affectirtem Nachsinnen suchte sie Zeit zur
Fassung zu gewinnen, aber Fanny ließ sie nicht dazu
kommen.

„Ist es denn so schwer, diesen Namen zu er=
rathen?" fragte sie lachend. „Denk' ein Bischen nach. —"

„Eschenrode —," hauchte Elfriede tonlos.

„Eschenrode? Eschenrode?" wiederholte Fanny

lachend. „Du denkst nur an Eschenrode! Als wenn es
weiter keinen liebenswerthen Mann gäbe, als Eschen=
rode! Nun —" fügte sie herzlich hinzu, als Elfriede
von der ausgestandenen Qual übermannt, wankte und
sich machtlos in einen Stuhl warf, „nun stirb nur nicht,
mein Herzensfriedchen, stirb nur nicht! Strafe muß
sein — warum bist Du so verschlossen gewesen —! Nein,
mein Bräutigam heißt Richard Brisek, seit achtund=
vierzig Stunden Hauptmann in der königlich preußischen
Artillerie=Brigade!"

„Richard Brisek —," rief Elfriede neubelebt.
„Aber Du beschuldigst mich ungerecht, meine Fanny —
ich h a t t e und h a b e nichts zu gestehen, als eine sehr
thörichte Leidenschaft für einen Mann, dessen Verhält=
nisse ihm schwerlich gestatten werden, jemals um das
arme, ganz mittellose Fräulein von Harrowitz zu werben."

„Das wollen wir doch abwarten," entgegnete
Fanny. „Ewald von Eschenrode soll und muß Dich hei=
rathen! Hat mein Papa durch seine Speculationen auf
diesen edlen Herrn Eure Liebe herbeigeführt, so kann
er nun auch seine Schuld sühnen. Nicht, daß er Dir
Geld schenken soll, mein Friedchen — nein nur „bor=
gen." Ich weiß, die Verhandlungen um das Darlehn,
welches Eschenrode nöthig hat, sind fast abgebrochen,
weil mein Papa verdrießlich war. — Jetzt soll und

muß er ihm das Geld in gefälliger Aufmerkſamkeit
entgegentragen. Laß mich nur nach Hauſe kommen! Ich
fühle merkwürdige Kräfte und Anlagen zum Comman=
diren, ſeit ich eines Artilleriehauptmannes Braut bin.
Allein," fügte ſie mit blitzenden Augen hinzu, indem
ſie Elfrieden feſt umſchlang, „jetzt bekenne mir Alles,
was Du fühlſt." Zwiſchen den Freundinnen entſpann
ſich ein traulicher Austauſch aller Empfindungen und
Herzensregungen. Sie gaben ſich ganz Hoffnungsbil=
dern hin und es iſt zu erwarten, daß Alles, was ſie
ſich erträumten, realiſirt werden wird. Es wird Se.
Majeſtät, dem Actienkönig, wohl nichts Anderes übrig
bleiben, nachdem er mit ſeiner letzten Speculation ſo
gründlich auf den Sand gefahren iſt, als daß er „gute
Miene zum böſen Spiele" macht und den Vorſchlägen
Gehör gibt, die ihm ſeine Tochter Fanny zu inſinuiren
gedenkt.

Ende.

Druck von Metzger & Spitzer.

In meinem Verlage sind erschienen und durch alle
Buchhandlungen zu beziehen:

Die Familie Germandre.

Roman von George Sand.

2. Auflage 8°. 200 Seiten. Preis: 80 kr. Oest. Währ.
= 15 Ngr

Aus dem Extrastübchen

eines

modernen Restaurants.

Ein Pariser Lebensbild von Ponson du Terrail.

8°. 191 Seiten. Preis: 80 kr. Oest. W. = 15 Ngr.

Capitain Phantome.

Roman aus der Zeit des spanischen Unabhängigkeitskrieges von Paul Feval.

3 Bände. 8.° 343, 283, 325 Seiten. — Preis: 4 fl.
Oest. W. = 2 Rthlr. 15 Ngr.

Berichtigungen.

Erster Band.

S. 19 Zeile 14 statt Vorausfegel lies: Vormarssegel.
„ 22 „ 18 „ Wasserhöhe lies: Wasserhose.
„ 27 „ 5 „ sie begründeten lies: sie bezielten.
„ 29 „ 2 „ Höheren der Armee l.: Führern der Armee.
„ 32 „ 16 „ Coriolonusschwert l.: Brennusschwert.
„ 35 „ 14 „ in ihren Consul l.: in Ihnen Consul.
„ 49 „ 16 „ weißen Schimmel lies: Eisenschimmel.
„ 53 „ 11 „ Ferier Olivier lies: Terier Olivier.
„ 55 „ 20 „ Moossitz lies: Moosfilz.
„ „ „ 23 „ geschecte lies: gefleckte.
„ 58 „ 13 „ stammweise lies: stellenweise.
„ 75 „ 6 „ grüne Segler lies: graue Segler.
„ „ „ 7 „ Biffwest lies: Biffröst.
„ 79 „ 2 „ gesalbten Pfalzgrafen lies: gefallenen Pfalzgrafen.
„ 81 „ 11 „ Schwegwald lies: Schwarzwald.
„ 87 „ 14 „ festeste Roß lies: feisteste Roß.
„ 88 „ 12 „ Todtenamt lies: Todtenmal.
„ 94 „ 1 „ Starhans lies: Starkhand.
„ 109 „ 6 „ flatternden lies: lagernden.
„ 125 „ 16 „ Lux lies: Luchs.
„ 126 „ 11 „ Scheines lies: Schleiers.
„ 134 „ 3 „ schwimmenden lies: schimmernden.
„ 139 „ 16 „ igozan lies: igazän.

S. 142 Zeile 25 statt tiefsinnige lies: tiefsinnige.
„ 175 „ 10 „ Ehe der Mond dreimal lies: ehe das Jahr zehnmal.
„ 180 „ 22 „ (10 Bataillone lies: (10 Catalonier.
„ 191 „ 10 „ daß wie lies: daß wir.
„ 191 „ 13 „ und Teleky lies: und Teleky nennen.
„ 201 „ 3 „ Bande lies: Lande.
„ 201 „ 18 „ Degen lies: Dogen.
„ 216 „ 4 „ Balaton lies: Palaton.
„ 218 „ 15 „ aufgeräumt lies: aufgewärmt.

Zweiter Band.

„ 11 „ 13 „ ruhigen Leben lies: rührigen Leben.
„ 16 „ 14 „ statt Ritterstande lies: Grafenstande.
„ 43 „ 19 „ statt sieben Jahre lies: neun Jahre.
„ 44 „ 6 „ war er jenem Abend lies: hatte an jenem Abende.
„ 73 „ 19 „ Dynastie lies: Dynaste.
„ 75 „ 20 „ Neumatel lies: Neumetel.
„ 113 „ 20 „ nocadomo lies; novadomo.
„ 118 „ 12 „ Bichta lies: Prichta.,
„ 149 „ 3 „ gar lies: gar nicht.
„ 143 „ 11 „ statt Igel lies: Igel, Jezek von Pardubic.
„ 187 „ 3 „ statt Durchsuchung der lies: Durchsuchung durch die.
„ 193 „ 18 „ kritische lies: brittische.
„ 240 „ 7 „ statt: ein Knabe von siebzehn Jahren, lies: ein Knabe von neun Jahren.
„ 201 „ 23 „ statt: Lebfevre lies: Lefevre.